El libro del filósofo

Friedrich Nietzsche

El libro del filósofo

seguido de
Retórica y lenguaje

taurus

© 1974, Taurus Ediciones, S. A.

© De esta edición:

Grupo Santillana de Ediciones, S. A., 2000

Torrelaguna, 60. 28043 Madrid

Teléfono   91 744 90 60

Telefax   91 744 92 24

• Aguilar, Altea, Taurus, Alfaguara, S. A.

Beazley, 3860. 1437 Buenos Aires

• Aguilar, Altea, Taurus, Alfaguara, S. A. de C. V.

Avda. Universidad, 767, Col. del Valle,

México, D.F. C. P. 03100

• Distribuidora y Editora Aguilar, Altea, Taurus, Alfaguara, S. A.

Calle 80, n.º 10-23

Teléfono: 635 12 00

Santafé de Bogotá, Colombia

Diseño de cubierta: Pep Carrió y Sonia Sánchez

ISBN: 84-306-0382-4

Dep. Legal: M-7.155-2000

Printed in Spain - Impreso en España

PRESENTACION DE LOS TEXTOS

por Fernando Savater

El proceso de actualización del pensamiento de Friedrich Nietzsche no consiste sólo —ni principalmente— en una reedición cuidada de sus obras más conocidas, empresa de indudable interés pero no sólo en el caso de Nietzsche, sino también en el de las obras de cualquier otro filósofo; es preciso aclarar que no todo Nietzsche nos interesa, o mejor, que más que un interés erudito por su obra y su figura sentimos la necesidad de hacer nuestras muchas de sus adivinaciones en diversos campos o de practicar algunas de las vías que esbozó y que hoy se nos presentan como auténticas "salidas de emergencia" para nuestras dificultades, sin que esto nos exija una fidelidad total al corpus nietzscheano en su conjunto. Lo más valioso para nosotros, de este modo, es aproximarnos a esos textos de Nietzsche que se han revelado fundamentales en la nueva lectura de su pensamiento, aquellos que inciden más directamente en las cuestiones contemporáneas. Si atendemos a los libros capitales de esa nueva lectura nietzscheana —el Sobre Nietzsche de Bataille, el Nietzsche y la filosofía de Deleuze, el Nietzsche y el círculo vicioso de Klossowski, etc...— advertiremos de inmediato que su interpretación de Nietzsche se basa fundamentalmente en el conjunto de escritos que podemos llamar genéricamente Inéditos o Póstumos, es decir, aquellos apuntes que Nietzsche iba esbozando como ayuda para la redacción de sus obras y que luego no incorporaba al texto definitivo de éstas por cualquier razón, o bien textos destinados a formar parte de libros que finalmente nunca escribió. Una parte de estos inéditos fueron editados póstuma-

mente por la hermana del filósofo, seleccionados y ordenados con criterios bastante discutibles, en un volumen titulado La voluntad de poder, *cuyo interés no es menor que el de ninguna de las grandes obras de su autor; la mayoría de ellos están siendo dados a conocer en nuestros días, gracias a los pacientes trabajos de Colli y Montinari, con parsimonia mayor de lo que desearían los entusiastas del filósofo. En estos escritos póstumos se hallan, junto a apuntes menores, esbozos de una riqueza extraordinaria y de una audacia fulgurante, que hacen pensar si sería precisamente por esa riqueza y audacia por lo que Nietzsche reservó estos textos para una elaboración posterior que nunca llegó a realizar. Muchos de estos escritos quedaron inéditos, sin duda, porque su autor los consideró de interés menor o los formuló luego de forma más acertada; pero puede asegurarse que gran parte de ellos permanecieron en la sombra* precisamente por la insólita importancia que Nietzsche les concedía. *En cualquier caso, su interés para nosotros está fuera de toda duda.*

Una de los temas en los que el pensamiento de Nietzsche se ha revelado más sugestivo para un siglo que también ha centrado sus investigaciones en torno a eso mismo es el del lenguaje. *Sus aportaciones sobre la interpretación y su instrumento, el concepto, la verdad y la mentira, sobre todo sobre la metáfora, hacen que los hijos de Saussure y Chomsky, de Lacan y Sollers, nos lo encontremos en cada encrucijada de nuestro paradójico camino. Su visión de la filosofía como un conflicto con las perplejidades e insuficiencias de la palabra no habría parecido ajena a Wittgenstein, quien sin duda hubiese suscrito el dictamen nietzscheano de "el filósofo preso en las redes del* lenguaje". *Esa frase es el mejor epígrafe que puede ponerse a los escritos póstumos que el lector hallará en este libro. Se trata de una serie de textos que, bajo el título de "Theoretische Studien" ("Estudios teoréticos"), agrupan escritos póstumos de los años 1872, 1873 y 1875, que prolongan diversos aspectos de lo dicho en* El origen de la tragedia. *Según Holzer y Horneffer, editores del volumen X de la edición Kröner, estos "Estudios teoréticos" debían ir agrupados con los espléndidos esbozos de historia de la filosofía titulados "La filosofía en la época trágica de los griegos" y todos ellos estarían destinados a formar un volumen que tendría por nombre*

El libro del filósofo. *En esta edición no se incluyen los esbozos históricos sobre filosofía griega, por mantener la unidad temática centrada más o menos en la cuestión del lenguaje; en cambio, se incorpora un texto capital, la "Introdución teorética a la verdad y la mentira en sentido extramoral", en el que se encontrará el núcleo de toda la doctrina lingüística de Nietzsche, centrada en el tema de la* metáfora; *aquí se encuentran expuestas todas las limitaciones del concepto de la paradójica utilización de los términos "verdad" y "mentira", cuyo conflicto subyacerá toda la obra epistemológica y moral de Nietzsche. La última parte de libro la forma la edición de una serie de textos, rigurosamente inéditos hasta ahora en castellano, como buena parte de los* Estudios teoréticos, *que agrupan todos los esbozos de Nietzsche acerca de la* retórica. *Demuestra la importancia que Nietzsche concedía a esta disciplina considerar que no poco de su labor docente como profesor de filología fue ocupado por cursos de retórica; precisamente, los escritos aquí publicados son los* guiones de curso *con los que preparaba sus clases, por lo que presentan, además de su interés intrínseco, el de constituir una valiosa fuente de información sobre el meticuloso modo en que Nietzsche preparaba sus cursos, sus fuentes de información, etc... Muchos de esos textos son transcripciones de tratados de retórica griegos, latinos y posteriores, pero también hay meditaciones muy personales de Nietzsche, a veces a partir de ellos, sobre temas tan diversos como las diferencias entre la oratoria griega y la romana, el origen del lenguaje, etc... En su conjunto, advertimos que Nietzsche considera la retórica como* la expresión de la fuerza en el lenguaje, *es decir, el pleno dominio de los recursos de la objetividad establecida y* juntamente *la posibilidad de su superación por la insumisión subjetiva. Estos textos sobre la retórica fueron seleccionados y preparados por los señores Philippe Lacoue-Labarthe y Jean-Luc Nancy, para la revista* Poétique, *de donde ha sido tomada esta antología.*

Creo que con la edición de los escritos póstumos comprendidos en este Libro *del filósofo se contribuye decisivamente a proporcionar a los lectores españoles algunas de las intuiciones de Federico Nietzsche más sugestivas para la sensibilidad filosófica contemporánea.*

EL LIBRO DEL FILOSOFO

I

EL ULTIMO FILOSOFO. EL FILOSOFO.
CONSIDERACIONES SOBRE EL CONFLICTO
DEL ARTE Y DEL CONOCIMIENTO

(OTOÑO-INVIERNO DE 1872)

16

A determinada altura todo coincide y se identifica: las ideas del filósofo, las obras del artista y las buenas acciones.

17

Es preciso señalar la impureza y confusionismo con que la vida integral de un pueblo reproduce la imagen que ofrecen sus más grandes genios, los cuales no son producto de la masa, aunque la masa muestre su repercusión.

O bien, ¿cuál es la relación?

Existe un puente invisible de un genio a otro. Esa es la verdadera "historia" real de un pueblo; todo lo demás es una variación innumerable y fantasmagórica realizada en un material peor, copias de manos inexpertas.

También las fuerzas éticas de una nación se manifiestan en sus genios.

18

En el mundo espléndido del arte, ¿cuál era su modo de filosofar? [1] ¿Desaparece el filosofar una vez alcanzada una ple-

---

[1] Esta cuestión motiva la investigación histórica relacionada con la filosofía presocrática, contemporánea de la época de la tragedia, a la que Nietzsche acaba de dedicar *El nacimiento de la tragedia*.

nitud de la vida? No: el verdadero filosofar comienza justamente ahora. Su juicio *sobre la existencia afirma más* porque tiene ante sí la consumación relativa, todos los velos del arte y todas las ilusiones.

19

En el mundo del arte y de la filosofía el hombre trabaja en una "inmortalidad del intelecto".

Sólo la Voluntad es inmortal[2]; en comparación, ¡qué miserable parece la inmortalidad del intelecto lograda a través de la cultura que presupone cerebros humanos! Obsérvese la línea en que esto viene para la naturaleza.

Pero, ¿cómo puede ser el genio al mismo tiempo la meta suprema de la naturaleza? La *supervivencia por la historia* y la supervivencia por la *procreación*.

Aquí la procreación platónica en la belleza. Por tanto el nacimiento del genio requiere la superación de la historia, debe sumergirse y eternizarse en la belleza.

¡Contra la *historiografía icónica*! Incluye un elemento de barbarie.

Unicamente debe hablar de lo grande y único, del modelo.

Esta es la tarea de la nueva generación filosófica.

Los grandes griegos de la época de la tragedia no tienen nada del historiador.

20

El intestino del conocimiento sin selección equivale al instinto sexual indiscriminado: signo de *vulgaridad*[3].

---

[2] Por estas fechas Nietzsche no habla todavía de *Voluntad de Poder,* sino sólo de *Voluntad,* como Schopenhauer: no ha elaborado aún la importante noción que presidirá el final de su carrera intelectual.

[3] La ciencia no conoce el problema del valor, sino sólo problemas de realidad.

21

El filósofo no se mantiene tan al margen del pueblo como una excepción: la Voluntad también tiene algo que ver con él. La intención es la misma, como en el arte: su propia transfiguración y redención. La Voluntad *aspira a la pureza y al ennoblecimiento:* de un grado a otro.

22

Los instintos que distinguen a los griegos de los otros pueblos se reflejan en su filosofía. Ahora bien, son precisamente sus instintos *clásicos.*
Es muy importante su manera de abordar la historia.
La progresiva degradación del concepto de historiador en la Antigüedad, su disolución en la omniscencia ávida de novedades.

23

Tarea: reconocer la *teleología* del genio filosófico. ¿Es en realidad únicamente un caminante que aparece ocasionalmente? En cualquier caso, si es auténtico, no tiene nada que ver con la situación política ocasional de un pueblo, sino que es *intemporal* en relación con su pueblo. Pero por esta razón su vinculación con este pueblo no es fortuita —lo específico del pueblo se manifiesta aquí en forma de individuo y ciertamente el instinto del pueblo se explica como *instinto del mundo* y se utiliza para resolver el enigma del mundo. Mediante la *separación* la naturaleza llega a considerar sus instintos en estado puro. El filósofo es un medio de llegar al reposo en medio de la corriente incesante, de adquirir conciencia de los tipos permanentes con desprecio de la pluralidad infinita.

24

El filósofo [4] es un manifestarse del taller de la naturaleza. El filósofo y el artista hablan de los secretos artesanos de la naturaleza.

La esfera del filósofo y del artista vive más allá del tumulto de la historia contemporánea, al margen de la necesidad.

El filósofo como *freno de la rueda del tiempo.*

Los filósofos aparecen en las épocas de gran peligro, cuando la rueda gira más veloz; ellos y el arte ocupan el lugar del mito en trance de desaparición. Ahora bien, se encuentran muy delante, ya que la atención de sus contemporáneos se dirige lentamente hacia ellos.

El pueblo consciente de sus peligros produce el genio [5].

25

Después de Sócrates ya no hay que salvar el bien común; de ahí la ética individualizante que aspira a salvar al individuo.

El instinto de conocimiento de signo desmedido e indiscriminado, con transfondo histórico, es una señal de que la vida ha envejecido: existe un gran peligro de que los individuos se envilezcan y entonces sus intereses se encadenan poderosamente a objetos de conocimiento, sean éstos los que sean. De este modo los instintos generales se apagan y ya no refrenan al individuo.

El germano ha transfigurado todas sus limitaciones mediante las ciencias a base de transponerlas. La fidelidad, la modestia, la moderación, la aplicación, el aseo, el amor al orden son otras tantas virtudes familiares; pero también la falta de for-

---

[4] Nietzsche utiliza el término "filósofo" con un prejuicio favorable: se trata tanto del filósofo presocrático como del filósofo futuro moldeado según la imagen de los presocráticos; Nietzsche intenta definir la tarea de ambos en la época moderna con el fin de salvar a la humanidad contra el instinto del saber.

[5] En este caso, "genio" implica "filósofo". El pueblo se autoproporciona inconscientemente los remedios que piden sus males y alumbra al "genio".

18

ma, todo lo no viviente de la vida, la mezquindad, su instinto ilimitado de conocimiento es consecuencia de una vida menesterosa. Sin dicho instinto sería mezquino y perverso, como muchas veces lo es a pesar de él.

Disponemos ahora de una forma superior de vida [6], de un transfondo del arte; también ahora la consecuencia inmediata es un instinto de conocimnento difícil de contentar: la *filosofía*.

Terrible peligro: que la agitación americano-política y la inconstante cultura de eruditos se confundan.

26

En el instinto de conocimiento difícil de contentar la *belleza* reaparece como poder.

Es absolutamente sorprendente que Schopenhauer *escriba bien*. También su vida tiene más estilo que la de los profesores universitarios, pero circunstancias que no han podido desarrollarse.

Actualmente nadie sabe cómo es un buen libro, es preciso hacerlo ver: no comprenden la composición. La prensa arruina cada vez más el sentimiento.

¡Poder retener lo sublime!

27

Se requieren fuerzas *artísticas* ingentes contra la historiografía icónica y contra las ciencias de la naturaleza.

¿Qué debe hacer el filósofo? Acentuar el problema de la existencia, sobre todo los problemas eternos, en medio del hormigueo.

El filósofo debe *reconocer lo necesario* y el artista debe crearlo. El filósofo debe compenetrarse profundamente con el sufrimiento universal. Como los viejos filósofos griegos, cada

---

[6] Nietzsche acaba de escribir y de publicar *El nacimiento de la tragedia* entusiasmado por el arte wagneriano. Trata de crear la filosofía digna de tal arte.

uno expresa una necesidad. Allí, en esta laguna, inserta su sistema. Construye su mundo en dicha laguna [7].

28

Explicitar la diferencia entre la eficiencia de la filosofía y la de la ciencia, y también la de su génesis.

No se trata de anular la ciencia, sino de *dominarla*. Efectivamente, en todos sus objetivos, y en todos sus métodos, depende de intenciones filosóficas, pero fácilmente lo olvida. Sin embargo, *la filosofía dominante tiene que considerar el problema del grado de desarrollo que lícitamente puede alcanzar la ciencia: tiene que determinar el valor.*

29

Prueba de los efectos *barbarizantes de la ciencia.* Se pierden fácilmente al servicio de los "intereses prácticos".

Valor de Schopenhauer por provocar el recuerdo de *ingenuas* verdades *generales:* tiene la osadía de hablar bellamente de lo que se llama "trivialidades".

Carecemos de una filosofía popular noble porque no tenemos un concepto noble de *peuple (publicum).* Nuestra filosofía popular es para el *peuple,* no para el público.

30

Si todavía tenemos que alcanzar una cultura necesitamos fuerzas artísticas inauditas para quebrantar el instinto de conocimiento ilimitado, para volver a crear una unidad. *La suprema dignidad del filósofo se muestra al concentrar e imponer unidad al instinto de conocimiento ilimitado.*

---

[7] El filósofo instala su sistema en una cultura que le necesita, al igual que el artista crea su mundo de arte en el pueblo y en la época en que se le espera, de un modo inconsciente. El artista y el filósofo piensan y crean a escala de cultura; no producen más que en la medida en que ésta tiene necesidad de su obra. Así, el sujeto individual carece de voz en materia de arte y de filosofía.

31

Así debe interpretarse a los más antiguos filósofos griegos:
dominan el instinto de conocimiento. ¿Cómo se llegó a que
después de *Sócrates* el mismo se desprendiese paulatinamente
de las manos? Ante todo observamos la misma tendencia en
Sócrates y en su escuela: debe restringirse por la atención individual a la *felicidad.* Es una última fase inferior. Antes no
se trataba de *individuos,* sino de los *helenos.*

32

Los grandes filósofos antiguos pertenecen a la *vida general
de lo helénico*[8]: después de *Sócrates* aparecen *sectas.* Poco a
poco la filosofía deja caer de sus manos las riendas de la
ciencia.

En la Edad Media es la teología la que se hace con las
riendas de la ciencia: en este momento, fase peligrosa de
emancipación.

El bien general busca de nuevo una sujeción y al mismo
tiempo una elevación y una concentración[9].

El *laisser aller de nuestra ciencia,* como en ciertos *dogmas
de economía política:* se cree en un éxito absolutamente sa-
ludable.

En cierto sentido la influencia de Kant ha sido perniciosa,
pues se ha perdido la fe en la metafísica. Nadie podrá contar
con su *"cosa en sí"* como si se tratase de un principio de sujeción.

Comprendemos ahora la maravillosa aparición de *Schopenhauer:* recoge todos los elementos que todavía resultan útiles
para dominar la ciencia. Aborda los más profundos problemas
primordiales de la ética y el arte y plantea el problema del
valor de la existencia.

¡Prodigiosa unidad de Wagner y de Schopenhauer! Proceden del mismo instinto. En ellos las cualidades más profun-

---

[8] Idéntica concepción que convierte al filósofo en el filósofo de una
cultura y no en el pensador individual.

[9] La filosofía está llamada a desempeñar este papel de sujeción
que abandona en la medida en que fracasa en su intento de unificar
el saber o en la medida en que ya no domina la ciencia.

das del espíritu humano se aprestan a la lucha: como en los griegos.

Vuelta a la *circunspección.*

33

Mi tarea: comprender *la conexión interna y la necesidad de toda cultura verdadera.* Los medios protectores y terapéuticos de una cultura, la relación de la misma al genio del pueblo. Todo gran mundo del arte tiene como consecuencia una cultura, aun cuando en virtud de contracorrientes hostiles muchas veces no se llega a la consumación de una obra de arte.

34

La filosofía debe asegurar la *cordillera espiritual* a través de los siglos y, consecuentemente, la eterna fecundidad de todo lo grande.

Para la ciencia no hay cosas grandes ni pequeñas, pero sí las hay para la filosofía. El valor de la ciencia se mide con con este principio.

¡El asegurar lo sublime!

En nuestra época, ¡qué falta tan grave de libros que respiren una fuerza heroica! Ni siquiera se lee a Plutarco.

35

Dice Kant (en el segundo prólogo a su "Crítica de la razón pura"): *"Yo tuve que eliminar el saber para dar lugar a la fe;* el dogmatismo de la metafísica, es decir, el prejuicio de avanzar en ella sin la crítica de la razón pura, es la verdadera fuente de toda la falta de fe hostil a la moralidad que siempre es muy dogmática." Muy importante. Le impulsó una necesidad de cultura.

Extraña contraposición: *"saber y creencia".* ¡Qué hubieran pensado los griegos de ella! *Kant no conoció ninguna otra contraposición. ¡Pero nosotros!*

Una necesidad de cultura impulsa a Kant, que se propone *salvar del saber* una zona en la que sitúa las raíces de todo lo más alto y profundo, el arte y la ética —Schopenhauer—.

Por otra parte recopila todo lo que es *digno de ser sabido en todos los tiempos* —la sabiduría ética del pueblo y del hombre (punto de partida de los siete sabios, de los filósofos populares griegos)—.

Analiza los elementos de esta fe y señala lo poco que la fe cristiana satisface la necesidad más profunda: problema del valor de la existencia.

36

La lucha del saber con el saber.

El mismo Schopenhauer llama la atención sobre el pensamiento y el saber inconsciente.

La sujeción del instinto de conocimiento: debe demostrarse ahora si es *favorable a una religión, o bien a una cultura artística.* Me quedo con el segundo aspecto.

Añado además el problema del *valor* del conocimiento histórico *icónico* y también el de la *naturaleza.*

Entre los griegos se trata de la sujeción en beneficio de una cultura artística (¿y una religión?), la sujeción que aspira a prevenir un desenfreno total: queremos volver a sujetar al totalmente desenfrenado.

37

El filósofo del conocimiento trágico [10]. Domina el instinto desenfrenado del saber, no mediante una metafísica nueva. No

---

[10] *El nacimiento de la tragedia* oponía implícitamente las dos formas de conocimiento al contraponer al conocimiento racionalista optimista y, en última instancia, desesperado, un conocimiento trágico necesariamente vinculado al arte que es "el verdadero conocimiento, la visión de la horrible verdad, que anula todo impulso, todo motivo de acción, tanto en Hamlet como en el hombre dionisíaco" (tr. J. Marnold y J. Morland, p. 74). Nietzsche demuestra que la ciencia "se lanza entonces irresistiblemente hasta sus límites donde acaba frustrándose y quebrándose su optimismo latente inherente a la natura-

establece ninguna fe nueva. Percibe trágicamente el suelo escamoteado de la metafísica y no acaba de concentrarse con el torbellino frenético de las ciencias. Trabaja en una *vida nueva*: devuelve sus derechos al arte.

El filósofo del *conocimiento desesperado* se desvanecerá en una ciencia ciega: saber a cualquier precio.

Para el filósofo trágico se cumple la *imagen de la existencia* según la cual lo metafísico únicamente aparece en términos antropomórficos. No es *escéptico*.

Aquí es preciso crear un concepto, pues el escepticismo no es el objetivo. Al llegar a sus límites el instinto de conocimiento se vuelve contra sí mismo para acceder a la *crítica del saber*. El conocimiento al servicio de la vida más perfecta. Es preciso *querer* incluso la *ilusión:* en esto consiste lo trágico.

38

El último filósofo: pueden ser generaciones enteras. Simplemente tiene que ayudar a *vivir.* "El últlimo", naturalmente en términos relativos. Para nuestro mundo. Demuestra la necesidad de la ilusión, del arte y del arte dominador de la vida. o nos es posible volver a producir una serie de filósofos como los que hubo en Grecia en la época de la tragedia. En la actualidad el *arte* cumple enteramente su misión. Un sistema así únicamente es posible en cuanto *arte.* Desde el punto de vista actual todo un período de la filosofía incide también en el terreno de su arte.

39

Ahora la *ejecución de la ciencia únicamente* se logra a través del *arte.* Se trata de *juicios de valor* sobre el saber y el mucho saber. ¡Inmensa tarea y dignidad del arte en dicha

---

leza de la lógica" (*op. cit.,* p. 140). En efecto, más allá de lo explicable comienza lo inexplicable, cuando el "hombre teórico" llega a este extremo "surge delante de él la forma nueva del conocimiento, *el conocimiento trágico,* cuyo solo aspecto le resulta imposible soportar sin la protección y el socorro del arte" (*op. cit.,* p. 140).

tarea! Tiene que volver a crearlo todo y tiene que *volver a alumbrar la vida en soledad absoluta*. Los griegos no indican lo que el arte puede hacer: si no los tuviéramos, nuestra fe sería quimérica.

De su forma depende la posiblidad de construir una religión aquí, en el vacío. Nos hemos vuelto hacia la *cultura:* lo "alemán" en cuanto fuerza redentora.

En cualquier caso la religión que tuviera capacidad para ello debería tener una gigantesca *fuerza de amor* en la que se quebrase el saber como se quiebra en el lenguaje del arte.

Pero, ¿podría tal vez el arte crearse una religión, alumbrar el mito? Así sucedió entre los griegos.

40

No obstante las filosofías y teologías actualmente anuladas continúan influyendo en las ciencias: aun cuando las raíces han muerto, sigue habiendo en las ramas un período de vida. Lo *histórico* se ha desarrollado especialmente como contrafuerza contra el mito teológico, pero también contra la filosofía: el *conocimiento absoluto* celebra sus saturnales aquí y en las ciencias matemáticas de la naturaleza. Lo más insignificante que se pueda distinguir realmente aquí es superior a todas las ideas metafísicas. En este caso el que determina el valor es el grado de *seguridad,* no el de *necesidad absoluta.* Es la vieja lucha de la *fe* y de la *ciencia.*

41

Son criterios parciales de tipo bárbaro.

En la actualidad la filosofía únicamente puede acentuar lo *relativo* de todo conocimiento y lo *antropomórfico,* así como también la fuerza universalmente dominante de la *ilusión.* De este modo es incapaz de sujetar el instinto desenfrenado del conocimiento, que cada vez *juzga* más según el grado de seguridad y busca objetos cada vez más pequeños. En tanto que todos los hombres se sienten satisfechos cuando ha pasado un día, el historiador registra, excava y combina después para arrancar dicho día al olvido: también lo *pequeño* debe ser eterno *por ser cognoscible.*

Para nosotros únicamente tiene valor la escala estética: lo *grande* tiene derecho a la historia, pero no a una historiografía icónica, sino a una *pintura histórica creadora y estimulante.* Dejamos *reposar las tumbas,* pero nos enseñoreamos de la eternamente vivo.

Tema favorito de la época: *los grandes efectos de lo insignificante.* Por ejemplo, en cuanto totalidad las pesquisas históricas tiene algo de magnífico; son como la mezquina vegetación que poco a poco tritura los Alpes. Vemos un gran instinto que dispone de instrumentos pequeños, pero enormemente numerosos.

42

Cabría oponerle: *los pequeños efectos de las grandes cosas,* en el caso concreto de que éstas estuvieran representadas por individuos. Es difícil comprender; con frecuencia la tradición se extingue. El odio, por el contrario, es general; su valor descansa en la calidad, que cada vez tiene menos apreciadores.

Lo grande sólo actúa en lo grande: así el correo de antorchas de Agamenón únicamente salta de cumbre en cumbre.

La tarea de una *cultura consiste* en que lo grande de un pueblo no aparezca como eremita ni como proscrito.

Por esta razón queremos hablar de lo que sentimos. No es asunto nuestro esperar a que llegue a los valles el pálido reflejo de lo que a mí se me presenta claro. Efectivamente, en última instancia, los grandes efectos de lo más insignificante son justamente los efectos secundarios de lo *grande;* han puesto en circulación un alud. Ahora tenemos problemas para contenerlo.

43

La historia y las ciencias de la naturaleza fueron necesarias contra la Edad Media: el saber contra la fe. Ahora dirigimos el *arte* contra el saber: ¡Vuelta a la vida! ¡Sujeción del instinto de conocimiento! ¡Fortalecimiento de los instintos morales y estéticos!

Esto se nos presenta como *salvación del espíritu alemán a fin de que,' a su vez, éste pueda ser salvador.*

Para nosotros la esencia de este instinto se ha fundido en la *música.* Comprendemos ahora por qué los *griegos* hacían depender su cultura de la música.

44

La creación de una religión consistiría en que alguien *despertase la fe* para su edificio mítico construido en el vacío, es decir, que correspondiese a una necesidad extraordinaria. *No es probable* que esta circunstancia se repita, a partir de la Crítica de la Razón pura. Por el contrario, puede imaginarse un tipo totalmente nuevo de *filósofo-artista* que plantea en el vacío una *obra de arte* con valores estéticos.

¡Con qué *libertad poética* trataban los griegos a sus dioses!

Nos hemos habituado excesivamente a la contraposición entre la verdad y la no verdad histórica. Resulta cómico que los mitos cristianos tengan que ser totalmente *históricos.*

45

Por fortuna la bondad y la compasión son independientes de la destrucción y de la prosperidad de una religión, mientras que las *buenas acciones* están sumamente condicionadas por los imperativos religiosos. La mayor parte de las buenas acciones acordes con el deber carecen de valor ético: son *impuestas.*

La moralidad *práctica* se resentirá profundamente siempre que una religión se venga abajo. Parece que la metafísica del castigo y de la recompensa es insustituible.

¡Si pudieran crearse las *costumbres,* las poderosas *costumbres!* Y con ellas la moralidad.

Pero las costumbres formadas por el hecho de que *ciertas personalidades poderosas marchan delante.*

No cuento con una *bondad* despierta en la masa de los

27

poseedores, pero sí se podría reducir a una *costumbre,* a un deber contra la tradición.

¡Si lo que hasta la fecha ha venido gastando en la construcción de iglesias lo emplease la humanidad en la educación y en la escuela y si orientase hacia la educación la inteligencia que actualmente orienta hacia la teología!

46

Muy pocas veces se ha comprendido correctamente el problema de una *cultura.* La finalidad de la misma no consiste en la mayor *felicidad* posible de un pueblo, ni siquiera en el libre desarrollo de todas sus facultades, sino que se manifiesta en la *proporción* justa de tales desarrollos. Sus objetivos trascienden la felicidad terrena; consisten en la producción de grandes obras.

En todos los instintos específicamente griegos aparece una *unidad dominante:* dámosle el nombre de *Voluntad* helénica. Cada uno de estos instintos trata de existir solo hasta el infinito. Los antiguos filósofos pretenden construir el mundo a partir de ellos.

La *cultura* de un pueblo se manifiesta en la *sujeción unitaria* de los *instintos de dicho pueblo:* la filosofía domina el instinto de conocimiento, el arte el instinto de las formas y el éxtasis, la *agápe* domina al *éros,* etc.

El conocimiento *aisla:* los filósofos antiguos ofrecen aisladamente lo que el arte griego hace aparecer junto.

El contenido del arte coincide con el de la filosofía antigua, pero vemos utilizados como filosofía los elementos *aislados* del arte con el fin de *dominar el instinto de conocimiento.* Se trata de algo que debe manifestarse también entre los italianos: el individualismo en la vida y en el arte.

47

Los griegos, en cuanto descubridores, viajeros y colonizadores. Saben aprender: increíble capacidad de asimilación. Nuestro tiempo no debe creer encontrarse a un nivel tan alto en cuanto al instituto del saber. Unicamente en los griegos todo se resolvía en vida; en nosotros todo se reduce a conocimiento.

Cuando se trata del *valor* del conocimiento y, por otra parte, una bella ilusión, con tal de que crea en ella, tiene el mismo valor que el conocimiento, entonces parece que la vida necesita ilusiones, es decir, no verdades consideradas como verdades. Necesita creer en la verdad, pero entonces basta la ilusión, es decir, las "verdades" se demuestran por sus efectos, no por pruebas lógicas, pruebas de la fuerza. Lo verdadero y lo eficaz se identifican y también en este caso se impone el sometimiento a la violencia. Entonces, ¿cómo se consigue que exista en absoluto una demostración lógica de la verdad? En la *lucha entre "verdad" y "verdad"* buscan la alianza de la reflexión. *Toda aspiración auténtica de la verdad llega al mundo a través de la lucha entablada en torno a una convicción sagrada:* por el *páthos* de la lucha. En caso contrario el hombre no se interesa por el origen lógico.

48

¿Qué relaciones con el arte mantiene el genio filosófico? Hay poco que aprender de la relación directa. Debemos preguntar: ¿qué hay de arte en su filosofía? ¿La obra de arte? ¿Qué *queda* una vez destruido su sistema como ciencia? Pero justamente lo que queda es lo que debe *dominar* al instinto del saber, es decir, lo que hay de artístico. ¿Por qué es imprescindible una sujeción de este tipo? Porque, desde el punto de vista científico, es una ilusión, una no verdad, lo que engaña al instinto del conocimiento y lo satisface sólo de un modo provisional. En esta satisfacción el valor de la filosofía no radica en la esfera del conocimiento, sino en la *esfera de la vida: la filosofía se sirve de la voluntad de existencia* con la finalidad de una forma superior de existencia.

Es imposible que el arte y la filosofía puedan dirigirse *contra* la Voluntad, pero la moral está justamente a su servicio. Omnipotencia de la *Voluntad*. Una de las formas más delicadas de la existencia, el Nirvana relativo.

49

La belleza y la magnificencia de una construcción del mundo (alias la filosofía) deciden actualmente sobre su valor, es decir, se la juzga como *arte*. Probablemente su forma se modificará. La rígida forma matemática (como en Spinoza), que producía en Goethe una impresión tan tranquilizadora, tiene valor justamente sólo en cuanto medio de expresión estética.

50

Es preciso establecer la proporción: vivimos sólo mediante ilusiones; nuestra conciencia roza ligeramente la superficie. Muchas cosas escapan a nuestra mirada. Asimismo, nunca hay que tener miedo a que el hombre se reconozca enteramente, a que en cada momento penetre con su mirada todas las leyes de las fuerzas de la palanca, de la mecánica, todas las fórmulas de la arquitectura, de la química, que necesita para vivir. Ahora bien, cabe la posibilidad de que el *esquema* sea reconocido en su totalidad, lo cual prácticamente no cambia nada en relación con nuestra vida. Por lo demás todo se reduce a fórmulas correspondientes a fuerzas absolutamente incognoscibles.

51

En cualquier caso, debido a la superficialidad de nuestro intelecto, vivimos en una ilusión permanente: es decir, para vivir tenemos necesidad del arte en cada momento. Nuestro ojo nos fija a las *formas*. Pero si somos justamente los que poco a poco nos hemos educado dicho ojo veremos que en nosotros mismos se impone una *fuerza artística*. Por tanto, la misma naturaleza nos ofrece mecanismos contra el *saber* absoluto. El filósofo *reconoce* el lenguaje de la naturaleza y dice: "Necesitamos el arte" y "sólo tenemos necesidad de una parte del saber".

Cada tipo de *cultura* comienza *velando* una cantidad de cosas. El progreso del hombre depende de este velo[11] —la vida es una esfera pura y noble y la exclusión de las excitaciones más comunes. La lucha contra la "sensualidad" por la virtud es fundamentalmente de orden estético. Si utilizamos como guías a las *grandes* individualidades, velamos muchas cosas en ellas, llegamos incluso a ocultar todas las circunstancias y azares que hacen posible su génesis, nos las *aislamos* para venerarlas. Toda religión contiene un elemento similar: los hombres bajo la protección divina, como algo infinitamente importante. Realmente toda ética comienza dando una *importancia infinita* al individuo particular, a diferencia de la naturaleza que procede cruelmente y jugueteando. El hecho de ser mejores y más nobles se debe a las ilusiones aisladoras.

Frente a esto la ciencia de la naturaleza presenta la verdad absoluta de la naturaleza. La fisiología superior comprenderá seguramente las fuerzas artísticas ya en nuestro devenir, no sólo en el del hombre, sino también en el del animal; dirá que con lo *orgánico* comienza también lo *artístico*.

Probablemente las transformaciones químicas de la natu-

---

[11] Este "velo" tiene, para Nietzsche, un sentido peculiar, ya que remite a *El nacimiento de la tragedia:* "así cabría aplicar a Apolo, en un sentido excéntrico, las palabras de Schopenhauer relativas al hombre cubierto con el velo de Maya" (*op. cit.*, p. 29). El velo es la *ilusión*, en la que Nietzsche distingue tres grados: 1. el del conocimiento "socrático", 2. el del arte apolíneo ("velo de la belleza"), 3. el de la tragedia. Estos tres grados están representados por tres culturas: 1. la cultura "alejandrina", cuyo ideal es el hombre teorético, 2. la cultura helénica, 3. la cultura búdica (*op. cit.*, p. 162). La actitud del hombre teorético le aleja básicamente de la del artista: "Al igual que el artista, el hombre teorético encuentra en su entorno una satisfacción infinita y, como el artista, este sentimiento le protege contra la filosofía práctica del pensamiento y contra sus ojos de lince que no brillan más que en las tinieblas. Efectivamente, si ante cualquier manifestación nueva de la verdad el artista se aparta de esta claridad reveladora y contempla, en arrebato permanente, lo que, a pesar de dicha claridad, sigue siendo oscuro, el hombre teorético se sacia del espectáculo de la oscuridad vencida y encuentra su gozo más alto en el advenimiento de una verdad nueva, incesantemente victoriosa, que se impone por su propia fuerza" (*op. cit.*, p. 135).

raleza inorgánica deben recibir también el nombre de procesos artísticos, papeles mímicos que desempeñan una fuerza, siendo en cualquier caso *varios* los que la misma pueden desempeñar.

53

Existe gran perplejidad a la hora de decidir si la filosofía es un arte o una ciencia[12]. Es arte en sus fines y en su realización, pero comparte con la ciencia el medio, la representación mediante conceptos. Es una forma de arte poético. No se la debe clasificar, por lo cual deberíamos encontrar y caracterizar una categoría.

La fisiografía del filósofo. Conoce poetizando y poetiza conociendo.

No crece, quiero decir, la filosofía no sigue el curso de las otras ciencias, ni siquiera en el caso de que ciertos dominios del filósofo pasen gradualmente a manos de la ciencia. Heráclito no puede envejecer. Es la poesía fuera de los límites de la experiencia, prolongación del *instinto mítico;* también básicamente en imágenes. La representación matemática no pertenece a la naturaleza de la filosofía.

Superación del saber por *fuerzas creadoras de mitos.* Notable Kant: saber y ciencia. Afinidad profunda entre los *filósofos* y los *fundadores de religiones.*

Extraño problema: descomposición de los sistemas filosóficos. Inaudito, tanto para la ciencia como para el arte. Con las religiones ocurre algo *parecido:* esto es lo notable y lo característico.

54

Nuestro entendimiento es una fuerza de superficie, es *superficial.* Esto se llama también "subjetivo". Conoce mediante *conceptos,* es decir, nuestro pensamiento consiste en clasificar, en denominar. Se trata, por tanto, de algo que remonta a una

---

[12] Nietzsche quiere convertir la filosofía en un elemento rector superior a la ciencia y al arte, que da lugar a la ciencia, pero cuyo residuo es fundamentalmente arte.

arbitrariedad del hombre y que no llega a la cosa en cuanto tal. El hombre alcanza un conocimiento absoluto únicamente a base de *cálculo* y en las formas del espacio; los límites últimos de todo lo cognoscible son *cantidades*. El hombre no *comprende* ninguna cualidad; sólo una cantidad.

¿Cuál puede ser la finalidad de tal fuerza de superficie?

Al concepto corresponde ante todo la imagen; las imágenes son pensamiento primitivo, es decir, las superficies de las cosas concentradas en el espejo del ojo.

La *imagen* es una cosa y el *problema aritmético* otra.

¡Imágenes en el *ojo* humano! Esto domina todo el ser humano: ¡desde el ojo! ¡Sujeto! ¡El *oído* escucha el sonido! Una concepción completamente distinta, maravillosa, del mismo mundo.

El *arte* descansa en la *imprecisión* de la *visión*.

También en el oído hay imprecisión en cuanto al ritmo, temperatura, etc. He aquí otra nueva base del *arte*.

55

Se trata de una fuerza en nosotros que nos hace percibir con más intensidad los *grandes rasgos* de la imagen del espejo y también de una fuerza que acentúa el mismo ritmo más allá de la imprecisión real. Tiene que ser una *fuerza artística* porque *crea*. Su medio principal consiste en *omitir, no ver* y *no oír*. Por tanto es anticientífica, ya que no manifiesta el mismo interés por todo lo percibido.

La palabra sólo contiene una imagen; de ahí el concepto. En consecuencia, el pensamiento cuenta con magnitudes artísticas.

Toda denominación es una tentativa de alcanzar la imagen.

Mantenemos una relación superficial respecto de todo *ser* verdadero, hablamos el lenguaje del símbolo, de la imagen. A continuación añadimos algo con fuerza creadora, reforzando los rasgos principales y olvidando los accesorios.

33

Apología del arte.—Nuestra vida pública, política y social desemboca en un equilibrio de egoísmos: solución del problema relativo al modo de lograr una existencia soportable sin ninguna fuerza de amor, puramente por la prudencia de los egoísmos interesados.

Nuestra época siente odio al arte como lo siente a la religión. No admite un arreglo ni por una referencia al más allá ni por una referencia a la transfiguración del mundo del arte. Para ella todo esto es "poesía" estéril, diversión, etc. Nuestros "poetas" *están a la altura de las circunstancias.* Pero, ¡el arte en cuanto algo terriblemente serio! ¡La nueva metafísica en cuanto algo terriblemente serio! Pretendemos transformarnos el mundo a base de imágenes hasta el punto de hacernos temblar. Esto sí que está en nuestras manos. Si os tapáis los oídos vuestros ojos verán nuestros mitos. Nuestras maldiciones os alcanzarán.

La ciencia tiene que demostrar ahora su utilidad. Se ha convertido en una nodriza y está al servicio del egoísmo: el Estado y la sociedad la han tomado a su servicio con el fin de explotarla para *sus* fines.

La situación normal es la de *guerra;* sólo en determinadas épocas firmamos la paz.

No es necesario saber cómo filosofaron los griegos en la época de su arte [13]. Las escuelas *socráticas* se encontraban en medio de un mar de belleza: ¿qué se advierte de ella entre las mismas? Se realizaron enormes dispendios en favor del arte. Los socráticos mantuvieron en este sentido un comportamiento hostil o teórico.

Por el contrario, en los filósofos anteriores dominaba en parte un instinto similar al que creó la tragedia.

---

[13] Es impresionante resolver este enigma en relación con los proyectos de Nietzsche que se propone imitar a los griegos y lograr una cultura en el mismo punto en que ellos fracasaron debido a las dos razones que revelan los textos de *La ciencia y el saber en conflicto:* 1. "Las guerras persas, y 2. "Sócrates".

58

El concepto del filósofo y sus tipos.—¿Cuál es el elemento común a todos ellos?

O es producto de su cultura o es hostil a la misma.

Es contemplativo como los artistas plásticos, compasivo como el religioso, lógico como el científico. Trata de hacer vibrar en sí mismo todos los tonos del mundo y de reproducir fuera de sí, en conceptos, esta armonía. El hincharse hasta el macrocosmos y también la observación reflexiva, como el actor o el dramaturgo que se metamorfosea y al mismo tiempo tiene conciencia de proyectarse hacia el exterior. El pensamiento dialéctico cayendo encima como una ducha.

Admirable Platón: entusiasta de la dialéctica, es decir, de esta reflexión.

59

Los filósofos. Fisiografía del filósofo.—El filósofo junto al hombre científico y al artista.

Sujeción del instinto de conocimiento por el arte, del instinto religioso de unidad por el concepto.

Extraña yuxtaposición de concepción y abstracción.

Significación para la cultura.

La metafísica como vacío.

¿El filósofo del futuro? Tiene que constituirse en el Tribunal Supremo de una cultura artística, algo así como una Dirección General de Seguridad contra todas las transgresiones.

60

El pensamiento filosófico debe rastrearse en todo pensamiento científico, incluso en la conjetura. Salta hacia adelante apoyándose en ligeros soportes; detrás, el entendimiento jadea pesadamente y busca mejores soportes después de habérsele aparecido la imagen seductora. ¡Sobrevuelo infinitamente rápido de grandes espacios! ¿Se trata únicamente de una velocidad superior? No. Es el aletazo de la fantasía, es decir, el salto sucesivo de una posibilidad a otra, los que provisionalmente se toman como seguridades. En ocasiones de una posibilidad a una seguridad y de nuevo a una posibilidad.

Ahora bien, ¿en qué consiste dicha "posibilidad"? Una idea repentina, por ejemplo, "tal vez podría". Pero, ¿cómo *llega* la idea repentina? A veces casualmente, exteriormente: se produce una comparación, el descubrimiento de alguna analogía. Entonces se da una *ampliación*. La fantasía consiste en la *visión rápida de semejanzas*. Después la reflexión mide un concepto con otro y verifica. La *similitud* debe ser sustituida por la *casualidad*.

Según esto, ¿es la *dosis* lo único que distingue al pensamiento "científico" del "filosófico"? "O también se distingue de él por los *campos?*

61

No existe ninguna filosofía aparte, separada de la ciencia: en ambos casos no piensa del mismo modo. El hecho de que una filosofía *indemostrable* tenga todavía un valor, en general más que una proposición científica, se funda en el *valor* estético de dicho filosofar, es decir, en su belleza y en su sublimidad. Existe todavía como *obra de arte,* aun cuando no haya podido demostrarse como construcción científica. Ahora bien, ¿no sucede justamente lo mismo en materia científica? Con otras palabras: la decisión no corresponde al puro *instinto de conocimiento,* sino al *instinto estético*. La filosofía mínimamente demostrada de Heráclito tiene un valor artístico superior a todas las proposiciones de Aristóteles.

Por tanto, en la cultura de un pueblo el instinto de conocimiento es dominado por la fantasía. Entonces el filósofo está poseído por el *pathos* supremo de la *verdad:* el *valor* de su conocimiento le garantiza su *verdad*. Estas miradas *lanzadas hacia adelante* esconden toda la *fecundidad* y toda la fuerza motriz.

62

La producción imaginativa se puede observar en el ojo. La semejanza da lugar al desarrollo más audaz: pero también otras relaciones completamente distintas, el contraste llama al contraste, y así incesantemente. Aquí se *ve* la extraordinaria productividad del entendimiento. Es una vida en imágenes.

63

Al pensar se debe estar ya en posesión, mediante la fantasía, de lo que se busca; sólo entonces puede juzgar la reflexión. Lo hace midiendo con cadenas usuales repetidamente verificadas.

¿Qué es propiamente "lógico" en el pensamiento en imágenes?

El hombre sensato prácticamente no tiene necesidad de la fantasía que posee en grado mínimo.

De todos modos hay algo *artístico* en esta producción de formas en las cuales sobreviene algo a la memoria: *destaca esta forma* y de este modo la refuerza. Pensar en destacar.

En el cerebro hay muchas más series de imágenes que las necesarias para pensar. El entendimiento selecciona rápidamente imágenes similares. La imagen seleccionada da lugar a toda una nueva serie de imágenes, de las que, sin embargo el entendimiento vuelve a seleccionar una, y así sucesivamente.

El pensar consciente consiste únicamente en seleccionar representaciones. El camino hasta la abstracción es largo.

1) La fuerza que produce la profusión de imágenes, 2) la fuerza que selecciona lo semejante y lo acentúa.

Los enfermos de fiebre proceden de un modo similar con las paredes y los tapices; sólo los sanos proyectan los tapices.

64

Existen dos tipos de fuerza artística; la fuerza productora de imágenes y la selectora de las mismas.

El mundo del sueño demuestra la legitimidad: en este caso el hombre no avanza hasta la abstracción o: no está dirigido ni es modificado por las imágenes que irrumpen a través del ojo.

Observando más detenidamente esta fuerza se comprueba

que tampoco aquí se da un descubrimiento artístico totalmente libre. Esto sería algo arbitrario y, por tanto, imposible. Pero, vistas sobre una superficie, las radiaciones más delicadas de la actividad nerviosa se comportan como las figuras acústicas de Chladni * respecto del mismo sonido: esta misma es la relación de estas imágenes respecto de la actividad nerviosa que se agita debajo. ¡La agitación y el estremecimiento más delicados! Desde el punto de vista fisiológico el proceso artístico está absolutamente determinado y es necesario. En la superficie todo pensar nos parece arbitrario, como a nuestra merced: no advertimos la actividad infinita.

Pensar en un *proceso artístico sin cerebro* es una antropopatría grave; lo mismo sucede con la voluntad, la moral, etcétera.

El deseo no es más que una superfunción que trata de aliviarse y que ejerce una presión hasta en el cerebro.

65

Resultado: es simplemente cuestión de *grados y cantidades;* todos los hombres son artistas, filósofos, científicos, etcétera [14].

Nuestra valoración se refiere a cantidades, no a calidades. Veneramos lo *grande* que, desde luego, también es lo *no normal.*

En efecto, la veneración de los grandes efectos de lo pequeño no es más que el asombro ante el resultado y la desproporción de las causas más insignificantes. Sólo sumando innumerables efectos y considerándolos como *unidad* adquirimos la impresión de la magnitud, es decir, *producimos* la magnitud mediante dicha unidad.

Pero la humanidad crece únicamente por la veneración de lo *raro,* de lo *grande.* Hasta lo que equivocadamente se considera raro y grande, por ejemplo el *milagro,* ejerce este efecto. El estremecimiento representa la mejor parte de la humanidad.

El sueño en cuanto la continuación de las imágenes visua-

---

* Ver pág. 250, nota 7.
[14] Esta idea remite al primer aforismo de este grupo de textos (§ 16).

les [15]. En el reino del entendimiento todo lo cualitativo es simplemente *cuantitativo*. Llegamos a las cualidades a través del concepto, de la palabra.

66

Posiblemente el hombre no puede *olvidar* nada [16]. La operación de ver y de conocer es demasiado compleja como para poder hacerla desaparecer totalmente, es decir, a partir de ahora se repiten frecuentemente todas las formas producidas por el cerebro y por el sistema nervioso. Una actividad nerviosa similar produce la misma imagen.

67

El verdadero material [17] de todo conocimiento son las sensaciones más delicadas de placer y de displacer. El auténtico secreto se encuentra en la superficie en que la actividad nerviosa traza formas en el placer y en el dolor. La sensación proyecta al mismo tiempo formas que a su vez generan nuevas sensaciones.

La esencia de la sensación de placer y de displacer consiste en expresarse en movimientos adecuados. El hecho de que estos movimientos adecuados induzcan a la sensación a otros nervios da lugar a la sensación de la imagen.

El darwinismo acierta también en cuanto al pensamiento

---

[15] El *sueño* tiene la importancia que descubre *El nacimiento de la tragedia;* es la "región apolínea" de las imágenes visuales y de las palabras del arte: "quisiera sostener que el sueño de nuestras noches tiene una importancia similar con respecto a esta esencia misteriosa de nuestra naturaleza cuyo apariencia exterior somos nosotros" (*op. cit.,* p. 45). Apolo nos proporciona la "visión liberadora".

[16] Idea de una memoria conservadora de todo el pasado próxima a la teoría bergsoniana del recuerdo puro incapaz de autodestruirse ni siquiera en el caso de no ser trasladado a la conciencia.

[17] Nietzsche intenta remontarse radicalmente lo más lejos posible hacia la génesis del pensamiento intelectual, hasta la impresión de placer o de displacer, es decir, hasta la raíz afectiva de donde provienen las imágenes.

en imágenes: la imagen más poderosa destruye las más débiles.

Es fundamental que el pensamiento se produzca con placer o con displacer: la persona a la que cree verdaderos inconvenientes muestra menor disposición en este sentido y, desde luego, no llegará tan lejos. Dicha persona se *contrae* y en este ámbito el pensamiento no sirve de nada.

68

En ocasiones el resultado obtenido mediante saltos se evidencia inmediatamente como verdadero y fecundo desde el punto de vista de sus consecuencias.

¿Está guiado un investigador genial por una *sospecha* exacta? Sí, ve precisamente *posibilidades* sin apoyos suficientes. Ahora bien, el hecho de que tenga una cosa por posible demuestra su genialidad. Calcula rapidísimamente lo que prácticamente le resulta indemostrable.

El abuso del conocimiento —en la eterna repetición de experimentos y de acopio de materiales—, en tanto que la conclusión se obtiene a partir de pocos elementos. En filosofía sucede lo mismo: en muchos casos la totalidad del material resulta superflua.

69

Tampoco lo moral tiene otras fuentes que el entendimiento, pero en este caso la cadena vinculante de imágenes actúa de modo distinto que en el artista y en el pensador: estimula a la *acción*. Ciertamente la percepción sensible de lo semejante, la identificación, es un presupuesto necesario. Después el recuerdo del propio identificar *muy fácil* y *muy rápidamente*. En consecuencia, se trata de una metamorfosis, al igual que en el caso del actor.

Por el contrario, todas las formas de integridad y de derecho proceden de un *equilibrio de los egoísmos* [18]: reconoci-

---

[18] Nietzsche no está lejos de dar un nombre a estas estructuras fundamentales del ser que "conoce" y "actúa de acuerdo con la moral": *La Voluntad de Poder*. Descubre, a nivel naturalista, la raíz

miento recíproco para evitar el perjudicarse. Por tanto proceden de la prudencia. En forma de principios firmes esto adquiere otro aspecto: *firmeza* de carácter. Contrastes del amor y del derecho: punto culminante, sacrificio para el mundo.

La anticipación de las posibles sensaciones de displacer determina la acción del hombre honrado, que conoce las consecuencias del daño causado al prójimo, pero también a sí mismo. Por el contrario, la ética cristiana es la antítesis. Se funda en la identificación de uno mismo con el prójimo. En este caso hacer el bien a los demás significa hacérselo a sí mismo, sufrir con los demás equivale al sufrimiento propio. El amor está vinculado a un deseo de unidad.

70

El hombre exige la verdad y la realiza en el trato moral con los hombres; ésta es la base de toda convivencia. Se anticipan las consecuencias funestas de las mentiras. Este es el origen del *deber de la verdad*. Al poeta épico se le permite la *mentira* porque en este caso no es previsible ninguna consecuencia dañosa. Por tanto la mentira está permitida en los casos en que resulta agradable: la belleza y el encanto de la mentira siempre que ésta no perjudique. Así trama el sacerdote los mitos de sus dioses: la mentira justifica su sublimidad. Es extraordinariamente difícil revitalizar el sentimiento mítico de la mentira libre. Los grandes filósofos griegos viven todavía enteramente en el ámbito de esta justificación de la mentira.

La mentira está permitida en los casos en que es imposible conocer la verdad.

Todo hombre se deja engañar constantemente en el sueño durante la noche.

La *aspiración a la verdad* es una adquisición infinitamente lenta de la humanindad. Nuestro sentimiento histórico es algo

---

de la ciencia y de la moral —y de toda verdad— en la sensibilidad y en la actividad de un ser vivo que debe mantenerse y luchar, cosa que hace en el placer y en el displacer mediante esquemas e imágenes que estructurarán su actividad en su propio medio. Relaciónense directamente los párrafos 69 y 71.

completamente nuevo en el mundo. Cabría la posibilidad de que sofocase totalmente al arte.

La formulación de la *verdad a cualquier precio* es de cuño *socrático*.

71

La verdad y la mentira son de orden fisiológico [19].
La verdad en cuanto ley moral: dos fuentes de la moral.
La esencia de la verdad juzgada según los *efectos*.
Los efectos inducen a admitir "verdades" no demostradas.
La lucha de tales verdades, vivientes en virtud de la fuerza, demuestra la necesidad de encontrar otro camino. O bien explicándolo todo desde allí, o bien ascendiendo a ella a partir de los ejemplos, de los fenómenos.
Maravillosa invención de la lógica.
Preponderancia palatina de las fuerzas lógicas y reducción de lo que es *posible* saber.
Reacción continuada de las fuerzas artísticas y limitación a lo que es *digno* de saberse (dictaminado según los *efectos*).

72

Conflicto del filósofo. Su instinto universal le obliga al pensamiento deficiente; el increíble pathos de la verdad, producido en la amplitud de su punto de vista, le constriñe a la *comunicación*, y ésta, a su vez, a la lógica.
Por una parte se origina una *metafísica optimista de la lógica*, que progresivamente lo inficciona y lo falsifica todo. En

---

[19] La nueva dignidad del arte consiste en la organización y en la publicación de una mentira aceptada y compartida entre el artista y el aficionado. El arte de una mentira aceptada y compartida entre el artista y el aficionado. El arte miente, pero, mediante un juego estético no fingido del que se habla en *El nacimiento de la tragedia*, jugamos a ser afectados. Nos sentimos afectados y aniquilados *estéticamente*, es decir, etimológicamente, en nuestras sensaciones, en todas nuestras cuerdas vibratorias: este juego es más verdadero que la verdad científica, la cual, para confusión de los sabios, se puede desenmascarar. Mientras tanto el artista no corre el riesgo de tal condenación.

cuanto soberana única la lógica conduce a la mentira, ya que no *es* la soberana única.

El otro sentimiento de verdad procede del *amor,* prueba de la fuerza.

La formulación de la verdad *beatificante* por *amor:* se refiere a conocimientos del individuo que éste no debe comunicar, aunque el desbordamiento de felicidad le obliga a hacerlo.

73

Ser absolutamente veraz: soberano placer heroico del hombre en una naturaleza falaz. Pero sólo *posible en términos muy relativos*. Es algo trágico. Este es el *trágico problema de Kant*. En este momento el arte adquiere una dignidad completamente *nueva* [19]. Por el contrario, las ciencias han sido *degradadas* un grado.

Veracidad del arte: ahora es el único honesto.

Así, después de un rodeo gigantesco, volvemos al importamiento *natural* (de los griegos). Se ha demostrado la imposibilidad de construir una cultura sobre el saber.

74

La intensidad de la fuerza ética de los estoicos se demuestra en que infringen su principio a favor de la libertad de la voluntad.

Para la teoría moral: en política muchas veces el hombre de Estado anticipa la acción de su enemigo y la realiza con anterioridad: "Si yo no la hago la hará él". Una especie de *legítima defensa* como principio político. Punto de partida de la guerra.

75

Los antiguos griegos sin teología normativa: todo el mundo tiene derecho a inventar y puede creer lo que quiera.

El fabuloso *volumen* del pensamiento filosófico de los griegos (con la continuación en cuanto teología a través de todos los siglos).

Las grandes fuerzas lógicas se evidencian, por ejemplo, en la ordenación de las esferas del culto de las diversas ciudades.

Los órficos *no plásticos* en sus fantasmas, ozando con la alegoría.

Los dioses de los estoicos sólo se preocupan de lo *grande;* desprecian lo pequeño y lo individual.

76

Schopenhauer niega la eficacia de la filosofía moral sobre las costumbres: cómo el artista no crea según conceptos. ¡Sorprendente! Es cierto que todo hombre es ya un ser inteligible (condicionado por infinidad de generaciones). Pero la excitación más intensa de determinadas sensaciones estimulantes mediante conceptos opera *reforzando* estas fuerzas morales. No se forma nada nuevo, pero la energía creadora se concentra de un lado. Por ejemplo, el imperativo categórico ha reforzado intensamente la sensación de virtud desinteresada.

Observamos igualmente que el hombre moral destacado ejerce el encanto de la imitación. El filósofo debe difundir este encanto. Lo que es ley para los ejemplares supremos debe imponerse paulatinamente como ley en general, aunque no sea más que como *barrera* de los demás.

77

El proceso de toda religión, de toda filosofía y de toda ciencia frente al mundo: comienza con los antropomorfismos más extremos y *no cesa jamás de refinarse.*

El hombre individual considera incluso el sistema sideral como a su servicio o en conexión con él.

En su mitología los griegos han resuelto toda la naturaleza en términos griegos. En cierto sentido se limitaron a considerarla simplemente como· máscara y disfraz de dioseshombres. En este punto fueron la antítesis de todos los realistas. En ellos estaba profundamente arraigada la contraposición entre verdad y fenómeno. Las metamorfosis son lo específico.

78

La intuición, ¿se refiere a los conceptos de género o a los *tipos* completos? Ahora bien, el concepto de género permanece siempre detrás, muy detrás, de un buen ejemplar y el tipo de la perfección transciende la realidad.

Antropomorfismos éticos. Anamixandro: justicia,
Heráclito: ley,
Empédocles: amor y odio.

Antropomorfismos éticos. Parménides: sólo ser,
Anaxágoras: *nous,*
Pitágoras: todo es número.

79

La historia universal alcanza sus límites máximos de brevedad cuando se la mide según los conocimientos filosóficos significativos y se prescinde de los períodos hostiles a los mismos. Vemos en los *griegos* una actividad y una potencia creadora que no encontramos en ninguna otra parte: llenan la época más grande, realmente han producido todos los tipos. Son los descubridores de la *lógica.*

¿No ha denunciado ya el lenguaje la capacidad del hombre para producir la lógica? Se trata, desde luego, de la operación y distinción lógicas más dignas de admiración. No obstante el lenguaje no ha aparecido de repente, sino que es el resultado *lógico* de períodos infinitamente largos. Al llegar aquí se impone pensar en la génesis de los instintos: se desarrollan en términos absolutamente progresivos.

La actividad espiritual de milenios condensada en el lenguaje.

El hombre descubre despacio, muy despacio, la infinita complejidad del mundo. Inicialmente se lo imagina completamente simple, es decir, tan superficial como él mismo.

Parte de sí, del resultado más tardío de la natuarleza, y se imagina las fuerzas, las primigenias, tal como lo que accede a su conciencia. Concibe los *efectos de los mecanismos más complejos,* del cerebro, como si fueran de la misma naturaleza que los efectos existentes desde los orígenes. Dado que este mecanismo complejo produce algo inteligible en un espacio breve de tiempo, admite como muy reciente la existencia del mundo. Cree que no debió llevarle tanto tiempo al Creador.

Así se imagina que con la palabra "instinto" explica algunas cosas y traslada los actos teleológicos inconscientes al devenir original de las cosas.

El tiempo, el espacio y la sensación de causalidad parecen darse con la primera *sensación.*

El hombre conoce el mundo en la medida en que se conoce a sí mismo, es decir, la profundidad del mundo se le desvela en la medida en que se asombra de sí mismo y de su propia complejidad.

81

Es tan racional fundar el mundo en las necesidades morales, artísticas y religiosas del hombre como en las necesidades mecánicas: es decir, no conocemos ni el golpe ni la gravedad (?).

82

No conocemos la verdadera esencia de una *causalidad única.* Escepticismo absoluto: necesidad del arte y de la ilusión. La gravedad tal vez deba explicarse por el éter en movimiento que, junto con todo el sistema solar, gira en torno a una gigantesca constelación.

83

Los significados metafísicos, ético y estético de la existencia son *indemostrables*.

El orden del mundo, el resultado más trabajoso y más lento de espantosas evoluciones, concebido como esencia del mundo —Heráclito—.

84

Hay que *demostrar* que todas las construcciones del mundo son antropomorfismos, como también lo son todas las ciencias en el caso de que Kant tenga razón. Evidentemente hay aquí un círculo vicioso: si las ciencias tienen razón no estamos en la base kantiana; si Kant tiene razón, las ciencias no están en lo justo.

En contra de Kant debe objetarse siempre que, una vez admitidas todas sus tesis, existe todavía la *posibilidad* plena de que el mundo sea tal como se nos aparece. Por lo demás, a nivel personal, toda esta posición resulta inservible; nadie puede vivir en este escepticismo.

Debemos superar este escepticismo, debemos *olvidarlo*. ¡Cuántas cosas no debemos olvidar en este mundo! (El arte, la forma ideal, la temperatura.)

Nuestra salvación se encuentra no en el *conocimiento*, sino en la *creación*. Nuestra grandeza está en la apariencia suprema, en la emoción más noble. Si el universo no nos afecta, queremos tener derecho a despreciarlo.

85

¡Terrible la soledad del último filósofo! La naturaleza le petrifica, los buitres se ciernen sobre él. Y grita así a la naturaleza: ¡da olvido! ¡Olvidar! *No, soporta el sufrimiento como Titán, hasta que se le ofrezca la reconciliación en el supremo arte trágico.*

86

¡Considerar como sobrenatural el "espíritu", el producto del cerebro! Divinizarlo completamente, ¡qué locura!

¡Entre millones de mundos en descomposición, una vez uno posible! También él se descompone. No fue el primero.

87

EDIPO

Soliloquio del último filósofo.

Un fragmento de la historia de la posteridad.

Me llamo a mí mismo el último filósofo, pues soy el último hombre. Nadie sino yo habla conmigo y mi voz llega como la de un moribundo. Déjame tratarte sólo una hora, voz amada, el último hálito del recuerdo de toda felicidad humana; a través de ti engaño mi soledad y me adentro en la mentira de una multiplicidad y de un amor, pues mi corazón se resiste a creer que el amor haya muerto, no soporta el estremecimiento de la más sola de las soledades y me obliga a hablar como si yo fuera dos.

¿Te oigo todavía, voz mía? ¿Susurras maldiciendo? Tu maldición debería hacer estallar las entrañas de este mundo, el cual, sin embargo, vive y se limita a mirarme, más brillante, más frío todavía, con sus estrellas implacables; vive tan estúpido y ciego como antes y sólo *uno* muere: el hombre.

¡Y, sin embargo! Aún te oigo, voz mía. En este universo todavía muere *uno* fuera de mí, el último hombre: el último suspiro, *tu* suspiro muere conmigo, el largo ay, ay suspirado por mí, el último de los infelices, Edipo [20].

---

[20] Una vez abolida en el último hombre todo tipo de estructura humana, no queda más que el ritmo de un hálito de voz que todavía murmura la última palabra: ¡ay!

En la Alemania actual observamos que el florecimiento de las ciencias es posible en una cultura que ha llegado a la barbarie. Del mismo modo la utilidad no tiene nada que ver con las ciencias (aun cuando así lo parezca, dada la preferencia de las instituciones químicas y científicas, y dado que simples químicos puedan llegar a ser celebrados como "capacidades").

Tiene para sí un éter vital propio. Una cultura en descenso (como la alejandrina) y una ausencia de cultura (como la nuestra) no la hacen imposible. El conocimiento es, desde luego, un sucedáneo de la cultura.

89

Los *eclipses,* por ejemplo en la Edad Media, ¿son realmente períodos de salud, algo así como períodos de sueño para el genio intelectual de los hombres?

¿O son también los *eclipses* resultados de finalidades superiores? Si los libros tienen su *fatum,* entonces el declive de un libro es un verdadero *fatum* con cierta finalidad.

Las *finalidades* nos llevan a la *confusión.*

90

En el filósofo la actividad continúa mediante metáfora. La tendencia a la sujeción *unitaria.* Todas las cosas tienden a lo inconmensurable; en la naturaleza el carácter individual muy pocas veces es firme, ya que cada vez abarca más. El problema de la *lentitud* o de la *rapidez* es altamente humano. Observada bajo el aspecto de lo infinitamente pequeño, toda evolución es siempre *infinitamente rápida.*

91

¡Cuánto representa la verdad para los hombres! La vida más alta y pura posible consiste en tener la verdad en la fe. El hombre necesita *creer en la verdad.*

La verdad se presenta como una necesidad social; por metástasis se la aplica después a todos los casos en que no es necesaria.

Todas las virtudes proceden de necesidades. Con la sociedad comienza la necesidad de la veracidad; en caso contrario el hombre viviría en perpetuos enmascaramientos. La fundación de los Estados provoca la veracidad.

El instinto de conocimiento tiene una fuente moral [21].

92

La memoria no tiene nada que ver con los nervios, con el cerebro. Es una facultad originaria. En efecto, el hombre lleva consigo la memoria de todas las generaciones precedentes [22]. La *imagen* de la memoria es algo sumamente artificial y *raro*.

De una memoria infalible se puede decir tan poco como de una actuación absolutamente adecuada de las leyes de la naturaleza.

---

[21] La fuente del conocimiento es social: la sociedad impone un estatuto de verdad imprescindible para su supervivencia. A partir de esta obligación social de "decir la verdad" (una cierta verdad útil a la sociedad) ha podido desarrollarse el "instinto del saber" —o lo que se considere como tal—, complicándose incesantemente al mismo ritmo con que ha conseguido sus triunfos. El conocimiento tiene un origen moral, ya que procede de la obligación de verdad, que es "moral" en el sentido en que es útil a la vida de dicha sociedad. Por tanto, "moral" significa "que favorece la vida", aunque por otra parte Nietzsche demuestra que, en su prolongación incontrolada, esta verdad vital termina convirtiéndose en el enemigo de la vida. "La verdad mata" (§ 176, 10).

[22] Una conciencia humana desborda al individuo, así como también su tiempo y su espacio. Para Nietzsche la cultura está por encima del individuo y el verdadero sujeto se encuentra por encima del sujeto individual. En cada individuo revive un inconsciente colectivo (C. G. Jung) que "recuerda" el pasado de la humanidad. *El nacimiento de la tragedia* descubre que las experiencias dionisíacas comportaban fenómenos de regresión que "transportaban" al hombre individual a los más antiguos estados de sensibilidad, próximos a los tiempos inmemoriales de la humanidad.

¿Existe un *raciocinio* inconsciente? *¿Establece conclusiones* la materia? La materia tiene sensaciones y lucha por su ser individual. La "Voluntad" se muestra ante todo en el *cambio,* es decir, hay una especie de *voluntad libre* que, por placer o por fuga del displacer, modifica la esencia de una cosa. La materia tiene un número de cualidades *proteiformes* que, según la agresión, acentúa, refuerza, activa en vez del todo. Las cualidades parecen ser simples actividades concretas y modificadas de *una* materia que se presentan según las proporciones de masa y de número.

94

Sólo conocemos una realidad: la de los *pensamientos.* ¿Cómo? ¿Si fuera ésta la esencia de las cosas? ¿Si la memoria y la sensación constituyeran el *material* de las cosas?

95

El pensamiento nos proporciona el concepto de una forma absolutamente nueva de la *realidad:* está constituido de sensación y de memoria.

El hombre en el mundo podría concebirse realmente como alguien *procedente de un sueño* que a la vez se sueña a sí mismo.

96

El choque, la acción de un átomo sobre otro, presupone también la *sensación.* Una cosa de suyo extraña no puede influir en otra.

No es lo difícil despertar la sensación, sino la conciencia en el mundo. Pero todavía es explicable si todo tiene una sensación.

Si todo tiene una sensación nos encontramos ante un caos de centros de sensaciones mínimos, mayores y máximos. A estos complejos de sensaciones, mayores o más pequeños, habría que denominarlos "voluntad".

Nos resulta difícil prescindir de las *cualidades*.

97

La sensación, los movimientos reflejos, muy frecuentes y sucediéndose con la velocidad del rayo, adaptándose progresivamente de un modo total, producen la operación del raciocinio, es decir, el sentimiento de causalidad. De la sensación causalidad dependen el espacio y el tiempo. La memoria conserva los movimientos reflejos realizados.

La conciencia se inicia con la sensación de causalidad, es decir, la memoria es más antigua que la conciencia. Por ejemplo, en la mimosa tenemos memoria, pero no conciencia. En las plantas la memoria, naturalmente, carece de imagen.

Ahora bien, la *memoria* debe pertenecer a la esencia de la *sensación* y ser, por tanto, una facultad primigenia de las cosas. Pero, entonces, también el movimiento reflejo [23].

Significado de la inviolabilidad de las leyes de la naturaleza: la sensación y la memoria están en la esencia de las cosas. El hecho de que, al contacto con otra, una sustancia material decida precisamente así es cuestión de memoria y de sensación. *Ha aprendido* en algún momento, es decir, las actividades de las sustancias materiales son *leyes realizadas*. Pero entonces la decisión tiene que darse a través del *placer* y del *displacer*.

98

Pero si el placer, el displacer, la sensación, la memoria y el movimiento pertenecen a la esencia de la materia, *entonces el conocimiento humano penetra mucho más profundamente en la esencia de las cosas.*

---

[23] En los párrafos 94, 95, 96, 97 y 98, Nietzsche pretende reducir todos los fenómenos humanos y materiales a los elementos de la sensación y de la memoria, adelantando la tesis de que en sí misma la materia está dotada de sensación y de memoria, lo cual concedería al hombre el privilegio de conocer la esencia de las cosas.

Por tanto, en la naturaleza toda la lógica se resuelve en un sistema de *placer* y de *displacer*. Cada cosa busca el placer y rehuye el displacer: de aquí las leyes eternas de la naturaleza.

99

Todo conocimiento consiste en medir con una escala [24]. Sin escala, es decir, sin una limitación de cualquier tipo, no existe conocimiento. En el ámbito de las formas intelectuales sucede lo mismo que cuando pregunto por el valor del conocer en general: debo tomar una posición cualquiera que esté más alta o que al menos sea *fija* para servir de escala.

100

Si retrotraemos todo el mundo intelectual hasta el *estímulo* y la *sensación,* esta percepción absolutamente indigente explica muy poco.

La proposición: no hay conocimiento sin cognoscente o sujeto sin objeto ni objeto sin sujeto, es completamente verdadera, pero también representa la trivialidad extrema.

101

De la cosa en sí no podemos decir absolutamente nada porque hemos retirado de debajo de nuestros pies el punto de vista del cognoscente, es decir, del mensurante. Una determinada cualidad existe para *nosotros,* esto es, medida en nos-

---

[24] En los párrafos 99, 100, 101 y 102, basándose en una definición del conocimiento como "medida efectuada de acuerdo con una escala", Nietzsche restablece la zanja que separa al hombre del universo que aquél "quiere" conocer: aunque el aparato sensorial de la náturaleza sea el mismo, no puede haber "conocimiento" efectivo más que a través del intelecto humano, es decir, un "sujeto" situado ante un "objeto". Esta medida efectuada de acuerdo con una escala es imposible para el hombre: el hombre "mide" pero no conoce su escala. También el conocimiento es ilusorio.

otros. Si retiramos la medida, ¿a qué se reduce entonces la cualidad?

Ahora bien, sólo a través de un sujeto mesurante próximo a ellas debe demostrarse qué *son* las cosas. Sus propiedades en sí no nos afectan sino en la medida en que actúan sobre nosotros.

Entonces se impone la pregunta: ¿cómo surgió tal ser mesurante? También la planta es un *ser mesurante.*

El fabuloso consensus de los hombres sobre las cosas demuestra la semejanza total de su aparato perceptor.

102

Para las plantas —y para nosotros— el mundo es de un modo u otro. Comparando las dos fuerzas de percepción nos encontramos con que nuestra concepción del mundo es más verdadera, es decir, más adecuada a la realidad. Ahora bien, el hombre ha evolucionado lentamente y el conocimiento sigue todavía desarrollándose: por tanto la imagen del mundo cada vez es más verdadera y completa. Naturalmente sólo es un *reflejo,* un reflejo cada vez más nítido. Ahora bien, el espejo mismo no es totalmente ajeno ni queda completamente al margen de la esencia de las cosas, sino que ha surgido poco a poco, como esencia de las cosas igualmente. Observamos un esfuerzo para adecuar cada vez más el espejo: la ciencia continúa el proceso natural. Así, las cosas se reflejan cada vez con mayor pureza: liberación progresiva de lo excesivamente antropomórfico. Para las plantas el mundo es planta, para nosotros hombre.

103

El curso de la filosofía: al principio se piensa que los hombres son las causas de todas las cosas; poco a poco las cosas se explican por analogía con ciertas cualidades humanas; al final se llega a la *sensación.* Gran problema: ¿es la sensación una realidad primigenia de toda materia? ¿Atracción y repulsión?

104

El instinto de conocimiento histórico. Su fin: comprender al hombre en el devenir; también aquí eliminar el milagro. Este instinto sustrae la máxima fuerza al instinto de la cultura: el conocimiento es pura suntuosidad, con lo cual la cultura actual no alcanza en absoluto ninguna cota más elevada.

105

Considerar la filosofía como la astrología: a saber, vincular el destino del mundo al del hombre, es decir, concebir la suprema evolución del *hombre* como la suprema evolución del *mundo*. Todas las ciencias se alimentan de este instinto filosófico. La humanidad aniquila primero las religiones y después la ciencia.

106

El hombre no ha tardado en servirse de la misma teoría kantiana del conocimiento para una glorificación del hombre: el mundo sólo tiene realidad en él. Rebota de un lado para otro como una pelota en las cabezas humanas. De hecho esto sólo significa: piénsese que hay una obra de arte y un hombre estúpido para contemplarla. Cierto que, en cuanto fenómeno cerebral, únicamente existe para este hombre estúpido en la medida en que éste es artista y lleva consigo las formas. Podría afirmar osadamente: no tiene ninguna realidad fuera de mi cerebro.

Las *formas* del intelecto han surgido, muy lentamente, de la materia. De suyo es probable que se adapten rigurosamente a la verdad. ¿De dónde procedería un aparato así que descubre cosas nuevas?

107

Creo que la propiedad principal es la de percibir la *forma*, es decir, se basa en el espejo. El espacio y el tiempo sólo son cosas *medidas* y lo están según un ritmo [25].

---

[25] Mientras "estructura" sus conceptos, sus concepciones genera-

108

No debéis refugiaros en una metafísica, sino que debéis sacrificaros a la *cultura en devenir*. Por este motivo me opongo absolutamente al idealismo soñador.

109

Todo saber surge por separación, delimitación, restricción; ¡ningún saber absoluto de un todo!

110

¿Placer y displacer en cuanto sensaciones universales? No lo creo.

Pero, ¿dónde aparecen las fuerzas artísticas? Ciertamente en el cristal. La creación de la *forma;* ¿cierto que no hay que presuponer en este caso un ser contemplante?

111

La *música* como *suplemento* del *lenguaje:* la música reproduce muchos estímulos y situaciones enteras de estímulo que el lenguaje no puede representar.

112

En la naturaleza no hay *forma,* pues no existe ni un dentro ni un fuera.

Todo arte descansa en el *espejo* del ojo.

---

les, todo su conocimiento, el hombre no llega al conocimiento en sí o al ser en sí: sólo se revela el ser para sí. Sin una referencia exterior y fija es imposible establecer la diferencia de las medidas. Sin embargo, por lo que concierne a la *diferencia de los ritmos,* puede ser ella la base de toda actividad intelectual, ya que el tiempo y el espacio vienen dados al hombre a través de dicha diferencia.

113

El *conocimiento sensorial* del hombre busca seguramente la *belleza,* transfigura el mundo. ¿Que otra cosa buscamos con afán? ¿Qué queremos más allá de nuestros sentidos? El conocimiento incesante aboca a lo aburrido y a lo odioso. *¡Estar contento* del mundo contemplado desde el punto de vista artístico!

114

En el momento mismo en que se quiere *conocer* la cosa en sí, *ella es precisamente este mundo.* El conocer sólo es posible como un reflejar y un medirse según una medida (sensación).

Sabemos lo que es el mundo: el conocimiento absoluto e incondicionado es querer conocer sin conocimiento.

115

Los llamados *raciocinios inconscientes* deben retrotraerse a la *memoria que todo lo conserva,* la cual ofrece experiencias de naturaleza paralela y, por tanto, *conoce* ya las consecuencias de una acción. No es anticipación del efecto, sino el sentimiento: idénticas causas, idénticos efectos, producido por una imagen de la memoria.

116

Los *raciocinios* inconscientes provocan mi reflexión: será probablemente el paso de *imagen* a *imagen;* la última imagen alcanzada actúa como estímulo y motivo. El pensamiento inconsciente debe realizarse en su integridad sin conceptos: por tanto mediante *intuiciones.*

Pero éste es el método de raciocinio del filósofo contemplativo y del artista. Hace lo mismo que todo el mundo cuando se trata de impulsos fisiológicos personales: transponer a un mundo impersonal.

Este pensar en imágenes no es a priori de naturaleza rigurosamente lógica. pero sí es más o menos lógico. Entonces el filósofo se esfuerza por sustituir el pensar en imágenes por un pensar en conceptos. Parece que también los instintos son un pensar similar en imágenes que, en última instancia, se transforma en estímulo y en motivo.

117

Confundimos demasiado fácilmente la cosa en sí de *Kant* y la verdadera esencia de las cosas de los *budistas,* es decir, la realidad muestra enteramente la *apariencia,* o bien *una aparición totalmente adecuada a la verdad.* La apariencia en cuanto no ser y la apariencia del ser se confunden entre sí. Todas las supersticiones posibles se instalan en el vacío [26].

118

El filósofo prisionero de las redes del *lenguaje.*

119

Me propongo describir e imitar la *prodigiosa evolución* de *un* filósofo que busca el conocimiento, del filósofo de la humanidad.

---

[26] Este párrafo es importante, ya que permite relacionar el pensamiento de Nietzsche con el de Kant. Para Kant, tras los fenómenos cognoscibles, se encuentra la cosa en sí, incognoscible, fuera del alcance del hombre; para los budistas —según Nietzsche—, es decir, para quienes poseen una concepción trágica del mundo (véase nota 11), tras las apariencias apolíneas existe una realidad profunda: "el hombre dionisíaco se parece a Hamlet: los dos han dirigido decididamente su mirada a la esencia de las cosas; han visto y han sentido repugnancia ante la acción, ya que su actividad no puede introducir ningún cambio en la esencia eterna de las cosas; les parece ridículo o afrentoso tener que poner aplomo en un mundo dislocado" (*El nacimiento de la tragedia,* trad. cit., p. 74). "La aparición del ente" o de la verdad radical influye en la visión del mundo y de la existencia que, ahora, se revela horrible y absurda.

La mayor parte de la gente hasta tal punto se encuentra bajo la dirección del instinto que no advierte en absoluto lo que sucede. Me propongo decir y hacer caer en la cuenta de lo que sucede.

Aquí el filósofo se identifica con toda la aspiración de la ciencia. En efecto, todas las ciencias descansan únicamente en el fundamento general del filósofo. Demostrar la fabulosa *unidad* en todos los instintos del conocimiento: el erudito quebrado.

120

La *infinitud* es el hecho primigenio: lo único que habría que explicar sería el origen de lo *infinito*. Ahora bien, el punto de vista de lo finito es puramente sensible, es decir, una ilusión.

¡Cómo atreverse a hablar de una determinación de la tierra!

En el tiempo y en el espacio infinitios no hay fines: *lo que está ahí está eternamente ahí,* bajo cualquier forma. No es previsible el tipo de mundo metafísico que tenga que haber.

La humanidad debe poder *mantenerse de pie* sin ningún apoyo: enorme tarea del artista.

121

El tiempo en sí es un absurdo. El tiempo sólo existe en relación con un ser sensitivo. Lo mismo el espacio.

Toda *forma* pertenece al sujeto. Es la aprehensión de las *superficies* a través del espejo. Debemos abstraer todas las cualidades.

No podemos representarnos las cosas tal como son porque justamente no deberíamos pensarlas.

Por tanto, todo queda como es, es decir, todas las cualidades denuncian un contenido absoluto indefinible.

122

La espantosa consecuencia del darwinismo que, por lo demás, considero verdadero. Toda nuestra veneración se refiere a cualidades que consideramos eternas: a nivel moral, artístico, religioso, etc.

Con los instintos no se avanza ni un solo paso para explicar la adecuación de los medios al fin, pues son el resultado de procesos continuados durante un tiempo infinitamente largo.

La Voluntad no es objetiva *adecuadamente,* como dice Schopenhauer: así parece cuando se parte de las formas más completas.

Esta Voluntad es, también, en la naturaleza una ultimidad sumamente compleja. Los *nervios* se presuponen.

La misma fuerza de gravedad no es un fenómeno simple, sino efecto de un movimiento del sistema solar, del éter, etc.

El choque mecánico es también algo complejo.

El éter universal en cuanto protomateria.

123

Todo conocimiento es un reflejo en formas absolutamente concretas que no existen a priori. La naturaleza no conoce *formas* ni *magnitudes* y sí sólo cosas que un cognoscente encuentra así de grandes o así de pequeñas. Lo *infinito* en la naturaleza: ésta carece totalmente de límites. Lo infinito sólo existe en relación con nosotros. El tiempo *infinitamente* divisible.

124

Valor objetivo del conocimiento: no hace *mejor.* Carece de objetivos universales últimos. Su origen es ocasional. Valor de la veracidad. Sin embargo, ¡hacer mejor! Su meta es el declive. Sacrifica. Nuestro *arte* es imagen del conocimiento desesperado.

125

El conocimiento representa para la humanidad un hermoso medio hacia el ocaso.

126

El que el hombre haya llegado a ser así y no de otro modo es, desde luego, obra suya; el que se haya inmergido tanto en la ilusión (sueño) y esté tan vinculado a la superficie (ojo) depende de su *esencia*. ¿Es extraño el hecho de que, en última instancia, los instintos de verdad se precipiten de nuevo a su ser esencial?

127

Nos sentimos grandes cuando nos hablan de un hombre cuya vida estuvo pendiente de una mentira y que, sin embargo, no mintió —más todavía cuando, por veracidad, un político destruye un reino—.

128

Nuestras costumbres se convierten en virtudes mediante una transpiración libre al reino del deber, es decir, porque aportamos al concepto la inviolabilidad. Nuestras costumbres se transforman en virtudes porque para nosotros la propia felicidad representa menos que su inviolabilidad —por tanto en virtud de un sacrificio del individuo o, al menos, en virtud de la entrevista posibilidad de tal sacrificio—. Donde el individuo empieza a sentirse insignificante comienza el reino de las virtudes y de las artes —nuestro mundo metafísico—. El *deber* sería particularmente *puro* si en la naturaleza de las cosas *nada correspondiera a lo moral*.

129

No pregunto por los objetivos del conocimiento. El conocimiento es casual, es decir, no se produce con una intención finalista razonable. Como ampliación o como endurecimiento y fijación de un modo de pensar y actuar necesario en ciertos casos.

130

Por su propia naturaleza el hombre no está destinado al conocimiento; la *veracidad* (y la *metáfora*) ha creado la inclinación hacia la verdad. Por tanto, un fenómeno moral, generalizado estéticamente, origina el instinto intelectual.

131

Lo similar recuerda lo similar y así se compara: esto es el conocer, la rápida subsumpción de lo que pertenece al mismo género. Sólo lo similar percibe lo similar: un proceso fisiológico. Lo que es memoria es a la vez percepción de lo nuevo. No pensamiento sobre pensamiento.

132

Hasta su fragmento más pequeño debe manifestar todo el valor del mundo. Mirad al hombre; entonces sabréis lo que esperar del mundo.

133

En ciertos casos la necesidad produce la veracidad como medio de existencia de una sociedad.

El instinto se refuerza mediante el ejercicio frecuente y entonces se transpone injustificadamente por metástasis. Se convierte en la inclinación en sí. El ejercicio para casos concretos se convierte en una cualidad. Tenemos ahora el instinto del conocimiento.

Esta generalización acontece mediante el *concepto* que se interpone. Esta cualidad comienza con un juicio *falso;* ser verdadero significa ser *siempre* verdadero. Este es el origen de la tendencia a no vivir en la mentira: eliminación de todas las ilusiones.

Pero él resulta cazado de una red a otra.

134

El hombre bueno quiere ser también verdadero y cree en la verdad de todas las cosas. No sólo de la sociedad, sino del mundo. Y por tanto también en la posibilidad de profundizar. En efecto, ¿por qué habría de engañarle el mundo?

En consecuencia transpone su inclinación al mundo y cree que también el mundo debe ser *verdadero* en relación con él.

135

Me parece inexacto hablar de una finalidad inconsciente de la humanidad. La humanidad no es un todo similar a un hormiguero. Tal vez se pueda hablar de la finalidad inconsciente de una ciudad, de un pueblo, pero ¿qué sentido tendría hablar de la finalidad inconsciente de *todos los hormigueros* de la tierra?

136

La humanidad se perpetúa en lo imposible; en esto consisten sus *virtudes*. El imperativo categórico y el mandamiento "hijitos, amaos" son otras tantas exigencias de lo imposible.

Así, la lógica *pura* es lo imposible en virtud de lo cual se matiene la ciencia.

El filósofo es lo más extraño entre lo grande, ya que el conocer advino al hombre sólo accesoriamente, no como don original. Pero por esta misma razón es el tipo supremo de lo grande.

137

Nuestra ciencia de la naturaleza camina hacia el *ocaso,* en dirección al objetivo del conocimiento.

Nuestra formación histórica camina hacia la muerte de toda cultura. Combate contra las religiones; secundariamente destruye las culturas.

Es una relación no natural contra una espantosa presión religiosa —ahora huye al extremo—. Sin ningún tipo de medida.

138

Una moral *de la negación* supremamente grandiosa por maravillosamente imposible. Qué significa que el hombre diga abierta y conscientemente ¡no!, mientras su voz y sus nervios dicen ¡no! y cada fibra, cada célula se opone.

Al referirse a la espantosa posibilidad del ocaso del conocimiento, estoy al menos dispuesto a hacer un cumplimiento a la generación actual: carece totalmente de tales tendencias. Mas tal poder y tal posibilidad se manifiestan sin duda ninguna cuando se observa el curso de la ciencia desde el siglo xv.

139

Un estímulo percibido y una mirada dirigida a un movimiento, unidos entre sí, presentan la causalidad ante todo como un axioma de experiencia: dos cosas, concretamente una sensación y una imagen visual determinadas, aparecen siempre juntas. El que la una sea causa de la otra es una *metáfora en préstamo a la voluntad y al acto:* un razonamiento por analogía.

La única causalidad de la que tenemos conciencia se encuentra entre el querer y el hacer: la transponemos a todas las cosas e interpretamos la relación de dos variaciones concomitantes. La intención o el querer proporcionan los *nomina,* el hacer los *verba.*

El animal en cuanto volitivo: ésta es su esencia.

Desde la *cualidad y el acto:* una cualidad nuestra impulsa a la acción, mientras que en el fondo sucede que deducimos las cualidades a partir de las acciones. Admitimos cualidades porque observamos determinadas acciones.

Por tanto, lo primero es la *acción,* que vinculamos con una cualidad.

En primer término la palabra surge para la acción y desde aquí para la cualidad. Esta relación, referida a todas las cosas, es la causalidad.

Primero "ver", luego la "visión". El "vidente" pasa por ser la causa del "ver". Percibimos una relación regular entre el sentido y su función: la causalidad es la transposición de esta relación (del sentido a su función) a todas las cosas.

Un protofenómeno: relacionar con el ojo el estímulo percibido en el ojo, es decir, relacionar con el sentido una excitación sensorial. De suyo se trata únicamente de un estímulo: el percibirlo como acción del ojo y el denominarlo "ver" es una conclusión causal. *Sentir un estímulo como una actividad,* percibir activamente algo pasivo, es la primera sensación de causalidad, es decir, la primera sensación provoca ya esta sensación de causalidad. La conexión interna entre estímulo y actividad traspuesta a todas las cosas. El *ojo se activa ante un estímulo,* es decir, ve. Interpretamos el mundo a partir de nuestras funciones sensoriales, esto es, presuponemos en todos los casos una causalidad porque *continuamente experimentamos* tales variaciones [27].

140

El tiempo, el espacio y la causalidad, no son más que *metáforas* del conocimiento con las que interpretamos las cosas. El estímulo y la actividad unidos entre sí: no sabemos cómo, no comprendemos ninguna causalidad única, pero tenemos una experiencia inmediata de ambas cosas. Todo sufrimiento provoca una acción y toda acción un sufrimiento: este sentimiento, el más generalizado, es ya una *metáfora.* La multiplicidad percibida presupone el tiempo y el espacio, la sucesión y la yuxtaposición. La yuxtaposición en el tiempo produce la sensación de espacio.

---

[27] Nietzsche critica el conocimiento humano que no es más que antropomorfismo: la metáfora es el *modelo* de nuestro conocimiento (ver §§ 139, 140, 141 y 142).

5

La sensación de tiempo dada con el sentimiento de causa y efecto, como respuesta al problema del grado de velocidad de las diversas causalidades.

Derivar la sensación del espacio, por metáfora, de la sensación del tiempo —¿o a la inversa?—.

Dos causalidades localizadas juntas.

141

El único modo de dominar la multiplicidad consiste en estructurar categorías calificando, por ejemplo, de "audaces" toda una serie de actos. Nos los explicamos al ponerlos bajo el título "audaz". Propiamente todo explicar y todo conocer no es más que un denominador. Ahora un salto atrevido: se establece un acuerdo entre la multiplicidad de las cosas cuando las consideramos como acciones innumerables de una *cualidad,* por ejemplo, en cuanto acciones del *agua,* como Tales. Nos encontramos ante una transposición: una abstracción abarca innumerables acciones y vale como causa. ¿Cuál es la abstracción (cualidad) que abarca la multiplicidad de todas las cosas? La cualidad "acuoso", "húmedo". El mundo entero es húmedo, *por tanto ser húmedo es el mundo entero.* Metonimia. Conclusión falsa. Confusión de un predicado con una suma de predicados (definición).

142

El *pensamiento lógico,* poco ejercitado en los jonios, se desarrolla muy lentamente. Ahora bien, comprenderemos más adecuadamente las conclusiones falsas como metonimias, es decir, desde un punto de vista retórico y poético.

Todas las *figuras retóricas* (es decir, la esencia del lenguaje) son *silogismos falsos.* ¡Con ellas empieza la razón!

143

Vemos cómo se sigue *filosofando* del mismo modo como *ha surgido el lenguaje,* es decir, ilógicamente.

Ahora se añade el pathos de la *verdad* y de la *veracidad*. No tiene nada que ver con la lógica. Enuncia únicamente que no se ha incurrido en *ninguna ilusión consciente*. Ahora bien, en el lenguaje y en la filosofía las ilusiones son, inicialmente, inconscientes y muy difíciles de reducir al plano de la conciencia. No obstante la yuxtaposición de diversas filosofías (o sistemas religiosos) erigidas con el mismo pathos dio lugar a un combate singular. En la confrontación de religiones hostiles cada una de ellas se ayudaba declarando falsas a las demás. Lo mismo sucedió con los sistemas.

Esto llevó al escepticismo a algunos: la verdad está en el pozo, suspiraban.

En Sócrates la veracidad se posesiona de la lógica: señala la infinita dificultad de la denominación correcta.

144

Las percepciones de nuestros sentidos se fundan en tropos, no en razonamientos inconscientes. El proceso original consiste en identificar lo semejante con lo semejante, en descubrir cierta similitud entre una cosa y otra. La *memoria* vive de esta actividad y se ejercita ininterrumpidamente. La *confusión* es el protofenómeno. Esto presupone la *visión de formas*. La imagen en el ojo tiene carácter determinante en relación con nuestro conocimiento, después lo tiene el ritmo en relación con nuestro oído. A partir del ojo nunca jamás llegaríamos a una representación del tiempo, a partir del oído nunca jamás a la del espacio. La sensación de causalidad corresponde al sentido del tacto.

Inicialmente sólo vemos *en nosotros* las imágenes del ojo y sólo *en nosotros* escuchamos el sonido: desde aquí hasta la aceptación de un mundo exterior hay un largo camino. La planta, por ejemplo, no percibe ningún mundo exterior. El sentido del tacto y, simultáneamente, la imagen visual proporcionan dos sensaciones yuxtapuestas, las cuales, dado que aparecen siempre juntas, provocan la representación de una conexión (mediante la *metáfora,* porque no existe necesariamente conexión entre todo lo que aparece junto).

La abstracción es un producto de importancia suprema. Es

una impresión permanente, fijada y endurecida en la memoria, que se adecúa a numerosísimos fenómenos, por lo cual resulta muy burda e insuficiente en relación con el individuo.

145

Mentira del hombre en relación consigo y con los demás: presupuesto, la ignorancia —necesaria para existir (sólo y en sociedad)—. La ilusión de las representaciones se instala en el *vacío*. El sueño. Los conceptos recibidos (que, a pesar de la naturaleza, dominan al pintor alemán antiguo), diversos en todos los tiempos. Metonimias. Estímulos, no conocimientos plenos.

El ojo proporciona formas. Estamos vinculados a la superficie. La inclinación a lo bello. Falta de lógica, pero metáforas. Religiones, filosofías, *Imitación* [28].

146

La *imitación* es el medio de toda cultura a través del cual se forma poco a poco el instinto. *Toda comparación (pensamiento primitivo) es una imitación.* Las *especies se forman* de modo que las primeras sólo imitan intensamente ejemplares semejantes, es decir, imitan el ejemplar más grande y más poderoso. El aprendizaje de una *segunda naturaleza* por imitación. En la procreación, lo más notable es la imitación inconsciente y también la educación de una segunda naturaleza.

147

Nuestros sentidos imitan la naturaleza retratándola constantemente.

----

[28] La *imitación* motiva la *metáfora,* que es una voluntad de imitación y que no consigue más que una interpretación. Además, en cierto sentido la imitación prueba la existencia del mundo exterior, extraño al hombre, que éste quiere "asimilar" (ver § 151).

La imitación presupone una recepción y, después, una transposición continuada de la imagen recibida a mil metáforas, todas eficaces. Lo *análogo*.

148

¿Qué poder nos obliga a la imitación? La apropiación mediante metáforas de una impresión extraña. Estímulo-imagen del recuerdo ligados por la metáfora (razonamiento analógico). Resultado: se descubren y reviven semejanzas. El estímulo *repetido* se presenta una vez más a propósito de la imagen de un recuerdo.

El *estímulo percibido* —ahora *repetido* en múltiples metáforas a las que afluyen imágenes afines procedentes de diversas rúbricas—. Cada percepción consigue una imitación múltiple del estímulo aunque con transposición a diversos ámbitos.

El estímulo percibido —transmitido a nervios afines—, allí, en la transposición, repetido, etc.

Se da una traducción de una impresión sensorial a otra: algunos ven o gustan una cosa cuando oyen ciertos sonidos. Se trata de un fenómeno muy general.

149

La *imitación* se contrapone al *conocimiento* en que éste no pretende hacer valer ninguna transposición, sino que intenta fijar la impresión sin metáforas ni consecuencias. Con este fin la impresión sufre un proceso de petrificación: apresada y estampada por los conceptos, después muerta, desollada y momificada y conservada en forma de concepto.

Ahora bien, no existen expresiones "intrínsecas" ni *conocimiento intrínseco sin metáfora*. Pero subsiste la ilusión sobre el particular, es decir, la fe en una *verdad* de la impresión sensorial. Las metáforas más habituales, las usuales, equivalen actualmente a verdades y sirven de medida de las más raras. De suyo aquí únicamente domina la diferencia entre habituación y novedad, frecuencia y rareza.

Conocer no es más que operar con las metáforas predilectas, es decir, una imitación no percibida como tal. Por tanto, como es natural, el conocimiento no puede penetrar en el reino de la verdad.

El pathos del instinto de verdad presupone la observación de que los distintos universos metafóricos están desunidos y combaten entre sí, por ejemplo, el sueño, la mentira, etc., por un lado, y la concepción usual y habitual por otro: uno es más raro, el otro más frecuente. Así, el uso lucha contra la excepción, lo regular contra lo inhabitual. De ahí el respeto de la realidad cotidiana ante el mundo onírico.

Ahora bien, lo infrecuente y lo inhabitual están *más plenos de estímulos* —la mentira es percibida como estímulo—. Poesía.

150

Todas las leyes de la naturaleza no son más que *relaciones* de una *x* a una *y* y a una *z*. Definimos las leyes de la naturaleza como las relaciones a una *x y z,* cada elemento de los cuales nos es conocido únicamente en cuanto a otros *x y z*.

En sentido riguroso, el conocimiento sólo tiene la forma de la tautología y *está vacío*. Todo conocimiento que nos impulsa es una *identificación de lo no idéntico* y de lo similar, es decir, es esencialmente ilógico.

Es ésta nuestra forma de adquirir un concepto; después actuamos como si el concepto "hombre" fuera algo efectivo, siendo así que lo hemos formado a base de prescindir de todos los rasgos individuales. Presuponemos que la naturaleza procede de acuerdo con tal concepto, pero en este caso la naturaleza primero y el concepto después, son antropomórficos. La *omisión* de lo individual nos proporciona el concepto, y así empieza nuestro conocimiento: en la *denominación,* en el establecimiento de *géneros*. Ahora bien, no existe corespondencia con la esencia de las cosas; se trata de un proceso cognoscitivo que no afecta en absoluto a la misma. Los diferentes rasgos que nos determinan una cosa son muchos, no todos: la intensidad de estos rasgos nos induce a reunir muchas cosas bajo un solo concepto.

Producimos seres en cuanto *portadores de cualidades* y

abstracciones en cuanto causas de las mismas. El hecho de que una unidad, por ejemplo un árbol, se nos presente como multiplicidad de cualidades, de relaciones, es antropomórfico en un doble sentido. En primer lugar, esta unidad delimitada "árbol" no existe; una delimitación así (según el ojo, según la forma) de las cosas es arbitraria; tal relación no es la verdadera relación absoluta, sino que está nuevamente teñida de antropomorfismo.

151

El folósofo no busca la verdad sino la metamorfosis del mundo en los hombres: lucha por comprender el mundo con conciencia de sí. Lucha por una *asimilación:* queda satisfecho cuando acaba de disponer una cosa cualquiera en términos antropomórficos. Así como el astrólogo ve el mundo al servicio de los individuos particulares, así el filósofo ve el mundo como hombre.

152

Naturaleza de la definición: el lápiz es un objeto largo, etcétera. A es B. En este caso lo largo está al mismo tiempo coloreado. Las cualidades sólo alimentan relaciones. Un objeto concreto equivale a tales y tales relaciones. Las relaciones nunca jamás pueden ser la esencia, sino sólo las consecuencias de la misma. El juicio sintético describe una cosa por sus consecuencias, es decir, se produce una *identificación* de *esencia* y de *consecuencias,* esto es, una *metonimia.*

Por tanto, esencialmente el juicio sintético incluye una *metonimia,* es decir, una *ecuación falsa.* Consiguientemente *los silogismos sintéticos son ilógicos.* Al aplicarlos presuponemos la metafísica popular, es decir, la que considera las causas como efectos.

El concepto "lápiz" se confunde con la "cosa" lápiz. El "es" del juicio sintético es falso, implica una transposición, se yuxtaponen dos esferas diferentes entre las cuales no puede darse ninguna ecuación.

Vivimos y pensamos bajo los efectos netos de lo *ilógico,* en el no saber y en el saber erróneo.

153

Los individuos son los puentes en los que descansa el devenir. Originariamente las cualidades no son más que *acciones únicas,* después acciones frecuentes repetidas en casos similares y, finalmente, hábitos. En cada acción interviene todo el ser del individuo y a un hábito corresponde una transformación específica del individuo. En un individuo es individual todo, hasta la célula más pequeña, es decir, que la totalidad interviene en todas las experiencias y sucedidos. De ahí la posibilidad de la *procreación.*

154

Por su aislamiento algunas series de conceptos pueden ser tan vehementes que se atraen la fuerza de otros instintos. Así, por ejemplo, el instinto del conocimiento.

Una naturaleza preparada de este modo, determinada hasta en las células, se perpetúa y se transmite por herencia, acrecentándose hasta que finalmente la absorción dirigida hacia este lado destruye el vigor general.

155

El artista no contempla "ideas": siente placer en las relaciones numéricas.

Todo placer se funda en la proporción, el displacer en la desproporción.

Los conceptos estructurados según números.

Las intuiciones que presentan buenas relaciones numéricas son bellas.

El hombre de ciencia *calcula* los números de las leyes de la naturaleza, el artista los *contempla:* en aquél, la legalidad; en éste la belleza.

Lo contemplado por el arista es totalmente superficial, ninguna "idea". La envoltura más leve en torno a números bellos.

La obra de arte se relaciona con la naturaleza de un modo similar al círculo matemático respecto del círculo natural.

NOTAS PARA EL PROLOGO

157

A Arthur Schopenhauer, el inmortal. Prólogo dirigido a Schopenhauer. Acceso al submundo —te he sacrificado alguna oveja negra— sobre qué se quejan las otras ovejas.

158

En este libro no guardo ninguna consideración para con los actuales eruditos, por lo cual doy la impresión de incluirlos en la cuenta de las cosas indiferentes. Ahora bien, cuando se quiere reflexionar serenamente sobre cosas serias, es preciso evitar la alteración producida por un espectáculo repugnante. En este momento vuelvo de mala gana mis ojos hacia ellos para decirles que no me son indiferentes, pero que desearía que me lo fueran.

159

Realizo una tentativa para ser útil a quienes merecen ser iniciados oportuna y seriamente en el estudio de la filosofía. Tanto si llega a feliz término como si se malogra, yo sé que es preciso superar dicha tentativa, y, para el bien de esta filosofía, lo único que deseo es que se la imite y se la supere.

Existen buenas razones para aconsejarles que no se pongan bajo la dirección de cualquier filósofo de profesión, académico, sino que lean a Platón.

Ante todo deben olvidar todos los embustes y hacerse sencillos y naturales.

Peligro de caer en falsas manos.

160

Los filósofos contemporáneos se han mostrado indignos de
contarme a mí y mi libro entre los suyos: prácticamente no
hay necesidad de asegurar que también en este caso dejo en
sus manos el que quieran aprender algo o no, aun cuando me
siento inclinado a hacerles algunas concesiones.

Lo que actualmente se llama "filología", que yo intencio-
nadamente califico de natural, podría también esta vez pasar
por alto mi libro, pues mi libro es de tipo viril y no sirve
para castrados, a los que les va mejor sentarse ante el telar
de las conjeturas.

161

No he faclitado las cosas a quienes no quieren sentir más
que una satisfacción de *erudito,* pues en última instancia no
contaba con ellos en absoluto. Faltan las citas.

162

La época de los siete Sabios no fue muy meticulosa en
relación con la propiedad de las sentencias sabias, pero se
daba mucha importancia al hecho de que alguien se anexio-
nase una de ellas.

163

Escribir de un modo totalmente impersonal y frío [29].
Evitar todos los "nosotros" y los "yo". Limitar incluso las
frases que empiecen con la conjunción "que". Eliminar, en la
medida de lo posible, todas las palabras técnicas.

---

[29] El sujeto individual, e incluso la colectividad, deben desaparecer ante lo impersonal, ya que, si existe, la verdad es impersonal
y se adapta a todos los seres. Ahora bien, lo que Nietzsche busca,
más allá de la misma singularidad técnica, es una cierta universalidad
humana, es decir, un punto de vista a partir del cual la humanidad
aparezca en toda su envergadura, en virtud de la "vuelta a la circunspección" (§ 32) y de una cierta elevación dotada de concentración (§ 32).

Es preciso hablar con la máxima precisión posible y dejar de lado todos los términos técnicos, incluida la palabra "voluntad".

164

Quisiera abordar el problema del valor del conocimiento como un ángel frío que penetra con su mirada todas las bagatelas. Sin maldad, pero sin sentimientos.

RESPECTO DEL PLAN: "EL ULTIMO FILOSOFO"

165

Se ha frustrado el objetivo primordial de la filosofía.
Contra la fisiografía icónica.
Filosofía, sin cultura, y ciencia.
Posición modificada de la filosofía desde Kant. Imposibilidad de la metafísica. Autocastración.

La resignación trágica, el fin de la filosofía.
Sólo el arte puede salvarnos.

1. Los restantes filósofos.
2. Verdad e ilusión.
3. Ilusión y cultura.
4. El último filósofo.

En última instancia, el método de los filósofos se limita a un juego de rúbricas.
El instinto ilógico.
Veracidad y metáfora.

Misión de la filosofía griega: sujeción.
Efecto barbarizante del conocimiento.
La vida en la ilusión.

La filosofía muerta desde Kant.
Schopenhauer, el simplificador, despeja la escolástica.

Ciencia y cultura. Contrarios.
Misión del arte.
El camino es la educación.
La filosofía tiene que producir la miseria trágica.

La filosofía de la Edad Moderna, no ingenua, escolástica, sobrecargada de fórmulas.
Schopenhauer el simplificador.
No permitimos ya la ficción conceptual. Sólo en la obra de arte.
¿Remedio contra la ciencia? ¿Dónde?
La cultura como remedio. Para ser receptivo en relación con ella es preciso haber reconocido las insuficiencias de la ciencia. Resignación trágica. Dios sabe la clase de cultura que nos aguarda. Comienza desde atrás.

(Kröner, X, pp. 109-279.)

II

EL FILOSOFO COMO MEDICO DE LA CULTURA

(Primavera de 1873)

166

Plan. ¿Qué es un filósofo?
¿Qué relación tiene un filósofo con la cultura?
¿Especialmente con la cultura trágica?

Preparación. ¿Cuándo desaparecen las obras? Las fuente, *a)* para la vida, *b)* para los dogmas.
La cronología. Verficada por los sistemas.

Parte principal Los filósofos con párrafos y digresiones.

Conclusión. Posición de la filosofía respecto de la cultura.

167

¿Qué es el filósofo?

1. *Más allá de las ciencias:* desmaterializar.
2. *Más acá de las religiones:* desdivinizar, deshechizar.
3. Tipos: el culto del intelecto.
4. Transposiciones antropomórficas.

¿Cuál es la misión actual de la filosofía?

1. Imposibilidad de la metafísica.
2. Posibilidad de la cosa en sí. Más allá de las ciencias.

3. La ciencia como salvación ante el milagro.
4. La filosofía contra el dogmatismo de las ciencias.
5. Pero sólo al servicio de una cultura.
6. La simplificación de Schopenhauer.
7. Su metafísica popular y artísticamente posible. Los resultados esperables de la filosofía son inversos.
8. Contra la formación general.

168

La filosofía no tiene nada en común: tan pronto es ciencia como arte.

Empédocles y Anaxágoras: el primero busca la magia, el segundo la luz de la razón; el primero contra la mundanización, el segundo a favor.

Los pitagóricos y Demócrito: la ciencia rigurosa de la naturaleza.

Sócrates y el escepticismo actualmente necesario.

Heráclito: ideal apolíneo, todo es apariencia y juego.

Parménides: camino hacia la dialéctica y organon científico.

El único que descansa es Heráclito.

Tales quiere acceder a la ciencia, lo mismo que Anaxágoras, Demócrito, el organon de Parménides, Sócrates.

Anaximandro a su vez se aleja de ella, al igual que Empédocles, Pitágoras.

169

1. La *imperfección* esencial de las cosas:
    de las consecuencias de una religión, tanto optimistas como pesimistas,
    de las consecuencias de la cultura,
    de las consecuencias de las ciencias.
2. La existencia de preservativos que luchan durante cierto tiempo.
    entre ellos está la *filosofía* que, en sí misma, no se dan en absoluto. Coloreada y plena de acuerdo con el tiempo.

3. La filosofía griega arcaica contra el mito y a favor de la ciencia, parcialmente contra la mundanización

En la época trágica: de acuerdo Pitágoras, Empédocles y Anaximandro; apolíneamente hostil Heráclito; resolviendo contra el arte Parménides.

170

I.1. *Introducción.* ¿Qué puede hacer un filósofo en relación con la cultura de su pueblo?

Parece

a) un solitario indiferente;

b) el maestro de las cien cabezas más ingeniosas y más abstractas;

c) o el destructor hostil de la cultura del pueblo.

En cuanto a *b)*, el efecto sólo es mediato, pero existe, como en *c)*.

En cuanto a *a)*, sucede que, dada la inadecuación de medios y de fin en la naturaleza, continúa siendo un solitario. Sin embargo, su obra permanece para la posteridad. No obstante cabe preguntar si la misma era necesaria para su tiempo.

¿Tiene una relación *necesaria* con el pueblo? ¿Existe una teleología del filósofo?

Para responder es preciso saber a qué se llama su "tiempo": puede tratarse de un tiempo breve o muy prolongado.

Tesis principal: no puede *crear una cultura,*

pero sí prepararla, eliminar los impedimentos, o bien suavizarla y así conservarla, o bien destruirla.	siempre sólo a través de la negación.

Un filósofo nunca jamás ha arrastrado al pueblo tras de sí en sus aspectos positivos, pues vive en el culto del intelecto.

Frente a todos los aspectos positivos de una cultura y de una religión adopta una posición *disolvente y destructora* (incluso cuando trata de *fundar*).

Es el más útil cuando *hay mucho que destruir,* en épocas de caos o de degeneración.

Toda cultura floreciente aspira a hacer *innecesario* al filósofo (o a aislarlo completamente). El aislamiento o atrofia admite una doble explicación:

a) por falta de teleología en la naturaleza (cuando es necesario);

b) por previsión teleológica (cuando es innecesario).

II. Sus efectos destructores y cortantes —¿sobre qué?—.

III. Ahora que no existe una cultura, ¿qué es lo que tiene que preparar (destruir)?

IV. Los ataques contra la filosofía.

V. Los filósofos atrofiados.

Las dos cosas son consecuencias de la falta de teleología de la naturaleza que aniquila innumerables gérmenes, aunque, sin embargo, consigue un par de grandes: Kant y Schopenhauer.

VI. Kant y Schopenhauer. El avance hacia una cultura más libre del uno al otro.

Teleología de Schopenhauer en relación con una cultura futura.

Su doble filosofía positiva (falta el núcleo central vivo) —un conflicto sólo para quienes ya no esperan—. Cómo superará este conflicto la cultura futura.

171

Valor de la filosofía:

Clarificación de todas las representaciones confusas y supersticiosas. Contra el dogmatismo de las ciencias.

En la medida en que es ciencia, es clarificadora e iluminadora; en la medida en que es anticientífica, es oscurecedora al modo religioso.

Eliminación de la psicología y de la teología racional.

Prueba del antropomorfismo absoluto.

Contra la validez rígida de los conceptos éticos.

Contra el odio del cuerpo.

Perjuicios de la filosofía:

Disolución de los instintos,
de las culturas,
de las costumbres.

Actividad específica de la filosofía en la actualidad.

Falta de ética popular.
Falta de sentimiento de la importancia del conocimiento y de la selección.
Superficialidad de las reflexiones sobre la Iglesia, el Estado y la sociedad.
El furor por la historia.
La elocuencia del arte y la falta de una cultura.

172

Todo lo *general e importante* de una ciencia se ha convertido en *casual* o *falta totalmente*.
El estudio del lenguaje sin la estilística ni la retórica [1].
Los estudios indios sin la filosofía.
La Antigüedad clásica sin estudiar su conexión con las aspiraciones prácticas.
La ciencia de la naturaleza sin la salvación ni el reposo que encontró Goethe.
La historia sin el entusiasmo.
En una palabra, todas las ciencias sin su aplicación práctica: por tanto, desarrolladas de un modo diferente a como lo hubieran hecho los verdaderos hombres de cultura. ¡La ciencia como un bordado!
Practicad la *filosofía* con jóvenes sin experiencia: vuestros viejos se vuelven hacia la historia. Carecéis totalmente de una filosofía popular; por el contrario disponéis de disquisiciones

---

[1] En *Philologica* demuestra Nietzsche que es imposible separar retórica y lengua: es imposible que no haya una retórica del lenguaje, la retórica es la esencia del lengunaje (ver *Kröner,* XVIII, p. 249, *Rhetorik*). Se asombra asimismo, y con razón, de que se pueda estudiar el lenguaje y una lengua concreta prescindiendo de la retórica. Para Nietzsche, la historia de la literatura significa la *historia del tratamiento del lenguaje en conformidad con el arte* (K., XVIII, p. 3, *Geschichte der griechischen Literatur*).

populares ignominiosamente uniformes. ¡Temas de concurso sobre Schopenhauer propuestos por las Universidades a los estudiantes! ¡Conferencias populares sobre Schopenhauer! ¡Falta totalmente la dignidad!

Sólo partiendo de la evolución de la religión se explica *cómo la licencia* se convirtió en lo que es actualmente.

173

Si son anormales, ¿ya no tienen nada que hacer con el pueblo? Las cosas no son así: el *pueblo tiene necesidad* de las anormalidades *aun cuando éstas no existan por su causa.*

La prueba la proporciona la obra de arte: el mismo creador la comprende y, sin embargo, por un lado está vuelta hacia el público.

Queremos conocer este lado del filósofo por el que se vuelve al pueblo y no discutir su naturaleza singular (por tanto, el verdadero objetivo, la pregunta ¿por qué?). Partiendo de nuestro tiempo es muy difícil conocer actualmente este lado, ya que no disponemos de una unidad popular similar de la cultura. De ahí los griegos.

174

Filosofía *no para el pueblo, es decir, no la base de una cultura,* sino mero instrumento de la misma.

a) Contra el dogmatismo de las ciencias;

b) contra la confusión de imágenes de las religiones míticas en la naturaleza;

c) contra el confusionismo ético creado por las religiones.

Su esencia se adapta a esta finalidad suya.

a) 1. convencida de lo antropomórfico, es escéptica,

   2. tiene selección y grandeza,

   3. sobrevolando la representación de la unidad;

b) es una sana explicitación y una simple toma de la naturaleza, es prueba;

c) destruye la fe en la inviolabilidad de tales leyes.

Su desamparo sin cultura, descrito en la actualidad.

EL FILOSOFO COMO MEDICO DE LA CULTURA

Con relación a la introducción del conjunto: descripción del siglo VII: preparación de la cultura, contraposición de los instintos; lo oriental. Centralización de la cultura intelectual a partir de Homero.

Hablo de los preplatónicos, ya que con Platón se inicia la hostilidad manifiesta contra la cultura, la negación. Ahora bien, quiero saber cómo se comporta la filosofía, que no es una enemiga, frente a una cultura actual o en devenir: en este caso el filósofo es el envenenador de la cultura.

Filosofía y pueblo.—Ninguno de los grandes filósofos griegos arrastra al pueblo tras de sí. Es lo que intentó, sobre todo, Empédocles (inmediatamente después Pitágoras), aunque no con una filosofía pura, sino mediante un vehículo mítico de la misma. Otros descartan al pueblo desde el principio (Heráclito). Otros disponen, como público, de un distinguido círculo de intelectuales (Anaxágoras). La tendencia de signo democrático-demagógico es la de Sócrates: el resultado lo constituyen las funciones de sectas, es decir, una contraprueba. Lo que tales filósofos no consiguieron, ¿cómo habrían de lograrlo los de menor entidad? Es imposible fundar en la filosofía una cultura popular. En consecuencia, en relación con una cultura la filosofía nunca puede tener una significación fundamental, sino sólo accesoria. ¿Cuál es esta última?

Dominio de lo mítico: fortalecimiento del sentido de la verdad frente a la ficción libre. *Vis veritatis* o refuerzo del conocimiento puro (tales, Demócrito, Parménides).

Sujeción del instinto de saber: o reforzamiento de lo mítico-místico, de lo artístico (Heráclito, Empédocles, Anaximandro). Legislación de la grandeza.

Demolición del dogmatismo rígido:

a)   en la religión;
b)   en las costumbres;
c)   en la ciencia.

Corriente *escéptica*.

A nivel excesivo, toda fuerza (religión, mito, instinto de saber) produce efectos de barbarie, de inmoralidad y de embrutecimiento, en forma de poder inflexible (Sócrates).

Destrucción de la mundanización ciega (sucedáneo de la religión) (Anaxágoras, Pericles). Corriente *mística*.

Resultado: no puede crear una cultura;

pero sí prepararla,
o conservarla,
o moderarla.

Para nosotros: por tanto el filósofo es el Tribunal Supremo de la escuela. Preparación del genio, pues carecemos de cultura. De la sintomatología del tiempo se deduce que la escuela tiene la misión siguiente:

1. Destrucción de la mundanización (falta de filosofía popular);
2. Control de los efectos barbarizantes del instinto de saber. (Abstención personal de la filosofía sutilista).

Contra la historia "icónica".
Contra los eruditos "trabajadores".

La cultura sólo y únicamente puede partir de la significación centralizadora de un arte o de una obra de arte, cuya contemplación universal preparará involuntariamente la filosofía.

(Kröner, X, pp. 180-188.)

III

INTRODUCCION TEORETICA SOBRE LA VERDAD Y LA MENTIRA EN EL SENTIDO EXTRAMORAL

(Exposición continua)

(Verano de 1873)

1

En algún apartado rincón del universo vertido centelleantemente en innumerables sistemas solares, hubo una vez una estrella en la que unos animales inteligentes descubrieron el conocimiento. Fue el minuto más arrogante y más falaz de la "historia universal" [1]: de todos modos sólo fue un minuto. Tras unas pocas aspiraciones de la naturaleza, la estrella se enfrió y los animales inteligentes tuvieron que morir. Alguien podría inventar una fábula similar y, sin embargo, no habría demostrado de un modo satisfactorio hasta qué punto el intelecto humano constituye, en la naturaleza, una excepción lamentable, vaga, fugitiva, inútil y arbitraria. Hubo eternidades en las que él no existía; si vuelve a desaparecer no habrá pasado nada. En efecto, el intelecto en cuestión no tiene otra misión más amplia que trascienda la vida humana. Es simplemente humano y sólo su poseedor y su productor se lo toman tan patéticamente como si los goznes del mundo giraran sobre él. Ahora bien, si pudiéramos ponernos de acuerdo con los mosquitos, veríamos que también ellos se mueven por el aire con el mismo pathos y que perciben en sí mismos el centro volante de este mundo. En la naturaleza nada es tan rechazable e insignificante que, mediante un pequeño hálito de esta fuerza del conocer, no se hinche como odre. Y así como cual-

---

[1] Nietzsche recoge, en son de burla, la expresión de Hegel, "historia universal"; así el hombre puede desaparecer y, con él, sus huellas. Cfr. párrafo 79.

quier mozo de cuerda quiere tener su administrador, así el hombre más orgulloso, el filósofo, cree que desde todas las partes los ojos del universo observan telescópicamente su acción y su pensamiento.

Es digno de notarse que es el intelecto el que reduce esto a estado, él que justamente ha sido dado sólo como medio auxiliar a los seres más infelices, más delicados y más efímeros para retenerlos un minuto en la existencia, de la cual, sin dicho aditamento, huirían —tendrían todos los motivos para hacerlo— tan rápidamente como el hijo de Lessing *. Por tanto, este orgullo vinculado al conocimiento y a la sensación, niebla cegadora detenida sobre los ojos y los sentidos de los hombres [2], les engaña en relación con el valor de la existencia por el hecho de aportar sobre el mismo conocimiento la apreciación más lisonjera. Su efecto más general es la ilusión, pero aun los efectos más concretos comportan en sí mismos, hasta cierto punto, el mismo carácter.

En cuanto medio de conservación del individuo, el intelecto desarrolla sus fuerzas principales en el disimulo [3], pues éste es el medio por el cual subsisten los individuos más débiles y menos robustos como aquellos a quienes se les ha negado una lucha por la existencia sirviéndose de cuernos de la aguda dentadura de un animal de presa. Este arte del disimulo alcanza su punto culminante en el hombre, donde la ilusión, la lisonja, la mentira, el engaño, el cotilleo, los aires de suficiencia, la vida de brillo falso, el enmascaramiento, el convencionalismo encubridor, la teatralería ante los demás y ante uno mismo, en una palabra, el revoloteo incesante en torno a la llama de la vanidad, hasta tal punto se han convertido en ley y norma que prácticamente no existe nada más incomprensible que la aparición entre los hombres de un instinto noble y puro de verdad. El hombre se encuentra profundamente inmerso en ilusiones y en imágenes oníricas, su

_____

[2] Metáfora del velo de la ilusión.
[3] Nietzsche da una interpretación naturalista del entendimiento humano, interpretación que se sitúa ya en el orden de los pensamientos centralizados por la Voluntad de Poder. Desprovisto de cualquier otra fuerza, el hombre ha podido desarrollar su inteligencia para conservar su vida, para tener poder y, después, más poder todavía.

ojo se limita a resbalar sobre la superficie de las cosas para ver "formas", su sensación no conduce en ningún caso a la verdad, sino que se limita a recibir estímulos y a jugar tecleando sobre el dorso de las cosas. Además, durante una vida el hombre se deja engañar en el sueño nocturno sin que su sentimiento moral trate de impedirlo, mientras que tiene que haber hombres que han eliminado los ronquidos a base de fuerza de voluntad. En realidad de verdad, ¿qué sabe el hombre de sí mismo? ¿Sería simplemente capaz de percibirse integralmente una sola vez siquiera como expuesto en una vitrina iluminada? ¿No le oculta la naturaleza la mayor parte de las cosas, incluso las relativas a su cuerpo, en el fin de desterrarlo y encerrarlo en una conciencia altiva y quimérica, aislado de los repliegues de sus intestinos, de la rápida corriente de su sangre, de las complejas vibraciones de sus fibras? La naturaleza tiró la llave y, ¡ay de la funesta curiosidad que por una hendidura quisiera mirar lejos del cuarto de la conciencia! Presentiría entonces que el hombre se apoya en la inmisericordia, en la avidez, en la insaciabilidad, en el asesinato, en medio de la indiferencia de su ignorancia, pendiente en sueños sobre el lomo de un tigre. ¿De dónde habría de venir, en todo el mundo, en esta constelación, el instinto de verdad?

En la medida en que el individuo pretenda subsistir frente a otros individuos, en un estado natural de las cosas, generalmente utiliza su intelecto sólo para el disimulo. Ahora bien, dado que el hombre quiere existir, por necesidad y aburrimiento a la vez, social y agriamente, necesita un tratado de paz [4] y, de acuerdo con él, intenta que al menos desaparezca

---

[4] Por su comienzo y por su actitud fundamental, este texto es comparable a lo que Rousseau escribe en su *Discours sur l'origine et les fondements de l'inégalité parmi les hommes*. Efectivamente, Rousseau demuestra que *sin la necesidad* el hombre no hubiera podido franquear la distancia que separa las sensaciones puras de los conocimientos: sin la necesidad y *sin el socorro de la comunicación* (cfr. *Ed. Sociales*, 1954, p. 83). Por tanto la obligación social y la necesidad biológica desempeñaron este papel de factor determinante en el desarrollo del intelecto. La vida comunitaria implica el contrato social, la "conclusión de paz" a que alude Nietzsche y que para él impone la "necesidad de verdad", es decir, una cierta lealtad respecto del grupo. De aquí resulta que, para Nietzsche, el hombre en

de su mundo el burdísimo *bellum omnium contra omnes*. Este tratado de paz implica algo que se parece al primer paso dado para la obtención de este enigmático instinto de verdad. Efectivamente, en este momento se fija lo que en adelante debe ser "verdad", es decir, se ha encontrado una designación de las cosas uniformemente válida y obligatoria y las leyes del lenguaje facilitan las primeras leyes de la verdad[5], pues aquí surge por primera vez el contraste entre verdad y mentira. El mentiroso utiliza las designaciones válidas, las palabras, para presentar lo ireal como real. Dice, por ejemplo: "soy rico", siendo así que, dada su situación, "pobre" sería el calificativo correcto. Abusa de las convenciones firmes acudiendo a sustituciones voluntarias o a inversiones de nombres. Si lo hace de un modo interesado y además perjudicial, la sociedad desconfiará de él y le excluirá de su seno. Los hombres no huyen tanto del ser engañados como del ser perjudicados por la mentira: en el fondo, aun a este nivel, no abominan de la ilusión, sino de las consecuencias fastidiosas y hostiles de ciertas formas de ilusión. En un sentido igualmente restringido el hombre quiere sólo la verdad; ansía las consecuencias agradables de la verdad, las que alimentan la vida; es indiferente al conocimiento puro y sin consecuencias y llega incluso a adoptar una actitud hostil frente a las verdades perjudiciales y destructoras. Por otra parte, ¿qué sucede con las convenciones del lenguaje? ¿Son tal vez productos del conocimiento, del sentido de la verdad? ¿Coinciden las designaciones y las cosas? ¿Es el lenguaje la expresión adecuada de todas las realidades?

Sólo en virtud de su capacidad de olvido[6] puede el hombre llegar a creer que está en posesión de una "verdad" en el grado que acabamos de señalar. Si se resiste a contentarse con la verdad en forma de tautología, es decir, con cáscaras

---

su estado natural es "un lobo para el hombre", contrariamente a lo que piensa Rousseau. Para Nietzsche la sociedad tiende a aminorar el *bellum omnium contra omnes*, la situación de guerra incesante y general. Lo *social* y lo *moral* son contemporáneos.

[5] Por tanto, desde el principio el lenguaje y la verdad son indisociables.

[6] Capacidad de olvido que se puede calificar de "mala fe natural".

vacías, manejará constantemente ilusiones por verdades. ¿Qué es una palabra? La reproducción sonora de una excitación nerviosa. Ahora bien, el hecho de concluir en una causa exterior a nosotros a partir del estímulo nervioso es ya el resultado de una aplicación errónea e injustificada del principio de la razón. Si la verdad fuera el único elemento determinante en la génesis del lenguaje y el punto de vista de la certeza lo fuera en las designaciones, ¿cómo podríamos legítimamente decir: la piedra es dura, como si conociésemos lo "duro" por otros procedimientos y no simplemente como una excitación totalmente subjetiva? Clasificamos las cosas por géneros y decimos que el árbol es masculino y la planta femenino: ¡qué arbitrariedad de transposición! ¡A qué altura volamos del canon de la certeza! Hablamos de una "serpiente": la denominación no alcanza más que al movimiento de torsión y, por tanto, podría aplicarse también al gusano. ¡Qué delimitaciones tan arbitrarias! ¡Qué preferencias tan parciales, unas veces de una cualidad de una cosa y otras veces de otra! Comparados entre sí, los diversos lenguajes demuestran que con las palabras nunca jamás se llega a la verdad, a una expresión adecuada, pues si no, no existirían tantos idiomas. La "cosa en sí" (ésta sería justamente la verdad pura y sin consecuencias) es completamente inasequible incluso para quien da forma al lenguaje y, desde luego, no merece en absoluto los esfuerzos que se hagan por ella. El creador del lenguaje se limita a denominar las relaciones de las cosas para con los hombres y para expresarlas acude a las metáforas más audaces. Primero transponer una excitación nerviosa a una imagen: primera metáfora. Nueva transformación de la imagen en un sonido articulado: segunda metáfora. Y en cada caso, salto completo de una esfera a otra totalmente nueva y distinta. Cabe pensar en un hombre totalmente sordo que nunca jamás ha tenido una sensación sonora ni musical: así como él quedará asombrado ante las figuras acústicas de Chladni [7] en la

---

[7] Chladni (Ernst Florens Friedrich), 1756-1824, físico alemán que fue una autoridad en acústica. Estudió las vibraciones mediante figuras de arena (las figuras de Chladni) representativas del modo fundamental de las vibraciones y de los modos superiores, por ejemplo, los correspondientes a una placa normalizada recubierta de polvo: al vibrar la placa el polvo se acumula en las zonas de mínima am-

arena, descubrirá las causas de las mismas en la vibración de las cuerdas y jurará que ahora tiene que saber necesariamente en qué consiste lo que los hombres llaman "sonido", a todos nosotros nos sucede lo mismo respecto del lenguaje. Creemos saber algo de las cosas mismas cuando hablamos de árboles, colores, nieve y flores y, sin embargo, no tenemos más que metáforas de las cosas, metáforas que no corresponden en absoluto a las entidades originarias. Al igual que el sonido en forma de figura en la arena, la enigmática X de la cosa en sí se presenta primero como excitación nerviosa, después como imagen y finalmente como sonido articulado. Por tanto, en la génesis del lenguaje no existe un proceso lógico y todo el material en el cual y con el cual trabajará y construirá más adelante el hombre de la verdad, el investigador, procede, si no del reino de Jauja, tampoco desde luego de la esencia de las cosas.

Pensemos todavía especialmente en la formación de los conceptos. Toda palabra se convierte inmediatamente en concepto desde el momento en que no debe servir justamente para la vivencia original, única, absolutamente individualizada, a la que debe su origen, por ejemplo, como recuerdo, sino que al mismo tiempo debe servir para innumerables experiencias más o menos análogas, es decir, rigurosamente hablando, nunca idénticas, por lo cual no debe adaptarse más que a casos diferentes. Todos los conceptos surgen por igualación de lo desigual. Aunque una hoja jamás sea igual a otra, el concepto de hoja se forma prescindiendo arbitrariamente de las diferencias individuales, olvidando las características diferenciadoras entonces provoca la representación, como si en la naturaleza hubiera algo, fuera de las hojas, que fuera la "hoja", una especie de forma original que sirviera de modelo para tejer, diseñar, recortar, colorear, rizar y pintar todas las hojas, aunque esto lo hubieran realizado manos inexpertas, de modo que ningún ejemplar fuera una reproducción correcta y absolutamente

---

plitud de las vibraciones y el número de nudos aumenta con la frecuencia.

fiel de la forma original[8]. Llamamos "honrado" a un hombre; ¿por qué ha actuado hoy tan honradamente?, preguntamos. Nuestra respuesta suele ser la siguiente: por su honradez. ¡La honradez! Lo cual equivale a decir una vez más: la hoja es la causa de las hojas. No sabemos absolutamente de una cualidad esencial que se llama "honradez", pero conocemos numerosas acciones individualizadas, y por tanto diferentes, que equiparamos entre sí a base de prescindir de las diferencias y que calificamos de acciones honradas. En última instancia, partiendo de ellas, designamos una *qualitas occulta*[9] con el nombre de "honradez". La omisión de los caracteres individuales y reales nos proporciona el concepto y también la forma, mientras que la naturaleza no conoce ni formas ni conceptos, ni por tanto géneros, sino sólo un X que nos resulta inaccesible e indefinible. En efecto, hasta nuestra contraposición de individuo y género es antropomórfica y no procede de la esencia de las cosas, aun cuando no nos atrevamos a decir que no existe tal correspondencia. En efecto, se trataría de una afirmación dogmática que, en cuanto tal, sería tan indemostrable como su opuesta.

Por tanto, ¿qué es la verdad? Una multitud en movimiento de metáforas, metonimias, antropomorfismos; en una palabra, un conjunto de relaciones humanas que, elevadas, traspuestas y adornadas poética y retóricamente, tras largo uso el pueblo considera firmes, canónicas y vinculantes: las verdades son ilusiones de las que se ha olvidado que lo son, metáforas ya utilizadas que han perdido su fuerza sensible, monedas que han perdido su imagen y que ahora entran en consideración como metal, no como tales monedas.

---

[8] Nietzsche explica cómo "conceptualiza" el hombre y al mismo tiempo señala que el platonismo, es decir, la concepción de los dos mundos: el uno perfecto y original, el otro simple copia del modelo, es una actitud derivada directamente del hecho de la existencia del concepto y de su sustancialización.

[9] Las "cualidades" —por ejemplo, la honradez— son comparables, desde el punto de vista de su existencia, a la "virtud dormitiva del opio".

No siempre sabemos todavía de dónde procede el instinto de verdad, pues hasta ahora únicamente hemos oído hablar de la obligación que, para existir, impone la sociedad: ser veraz, es decir, utilizar las metáforas usuales, o bien —hablando en términos morales—: hemos oído hablar de la obligación de mentir de acuerdo con una convención firme, de mentir gregariamente según un estilo obligatorio para todos. Ahora bien, el hombre olvida que su realidad es ésta; en consecuencia, miente de la forma señalada inconscientemente y de acuerdo con hábitos seculares, y precisamente *a través de esta inconsciencia* y de este olvido llega al sentimiento de la verdad. El sentimiento de saberse obligado a calificar una cosa de "roja", otra de "fría" y una tercera de "muda", provoca la aparición de un movimiento moral relacionado con la verdad: partiendo del contraste del mentiroso a quien nadie cree y a quien todos excluyen, el hombre se demuestra a sí mismo los elementos de honradez, confianza y utilidad de que dispone la verdad. En este momento somete su acción como ser *"racional"* al poder de las abstracciones; ya no sufre ser arrastrado por las impresiones repentinas, por las intuiciones; primero generaliza todas estas impresiones en conceptos más desteñidos y más fríos para referir a ellos el vehículo de su vida y de su acción: Lo que distingue al hombre del animal depende de la capacidad de hacer que las metáforas intuitivas se volatilicen en un esquema, es decir, la capacidad de disolver una imagen en un concepto. En el ámbito de tales esquemas es posible algo que nunca jamás se podría lograr bajo las primeras impresiones intuitivas: construir un orden piramidal por castas y grados, crear un mundo nuevo de leyes, privilegios, subordinaciones y fijaciones de límites contrapuesto al otro mundo intuitivo de las primeras impresiones en calidad de algo más firme, más general, más conocido y, por tanto, en calidad de algo regulador e imperativo. En tanto que toda metáfora intuitiva es individual y carece de pareja, por lo cual sabe siempre escapar a toda denominación, el gran edificio de los conceptos presenta la regularidad rígida de un columbrario romano y exhala en la lógica el rigor y la frialdad propios de la matemática. El que haya recibido el soplo de esta frialdad difícilmente creerá que también el concepto óseo, octogonal como un dado y como él amovible, sigue siendo únicamente el *residuo de una metáfora* y que la iusión de la transposición artística de un estímulo nervioso a imágenes, si no la madre, es la abuela de cualquier concepto. Ahora bien, dentro de este juego de dados de los conceptos, la "verdad" equivale a utilizar los dados de acuerdo con su denominación, a contar exactamente sus puntos, a formar denominaciones correctas y no atentar en ningún caso contra el orden de las castas y la serie de las clases. Así como los romanos y los etruscos dividían el cielo mediante rígidas líneas matemáticas y conjuraban a un dios en un espacio delimitado como si se tratara de un *templo,* cada pueblo tiene sobre él un cielo similar de conceptos matemáticamente repartidos y desde este momento entiende que, por imperativo de la verdad, el dios conceptual únicamente es buscado en *su* esfera. Esta vez habrá que admirar al hombre como un poderoso genio de la arquitectura que consigue edificar una cúpula conceptual infinitamente complicada sobre fundamentos móviles y en cierto modo sobre agua en movimiento. En cualquier caso, para encontrar apoyo en tales fundamentos la construcción tiene que ser como de tela de araña, lo suficientemente fina como para poder ser transportada por las olas y lo bastante consistente como para no dispersarse al soplo del viento más ligero. En cuanto genio de la arquitectura el hombre se sitúa muy por encima de la abeja: esta construye utilizando la cera que encuentra en la naturaleza, aquél lo hace partiendo de la materia, mucho más delicada, de los conceptos que primeramente tiene que fabricar por sí mismo. Es preciso admirarlo profundamente, pero no sólo por su instinto de verdad y de conocimiento puro de las cosas. Si alguien esconde una cosa detrás de un arbusto y la busca y la encuentra en el mismo lugar, esta búsqueda y este encuentro no presentan muchos elementos de admiración: esto es justamente lo que sucede con la búsqueda y el descubrimiento de la "verdad" en el ámbito de la razón. Cuando doy la definición de un mamífero y, tras examinar un camello, declaro: "he ahí un mamífero", evidentemente se ha producido el alumbramiento de una verdad, pero la misma es de valor limitado, quiero decir, es totalmente antropomórfica y no contiene ni un solo punto que sea verdadero "en sí", real y de validez universal, prescindiendo del hombre. En el fondo el que busca tales verdades únicamente busca la metamorfosis del mundo en los hombres, lucha por una comprensión del mundo en cuanto cosa asimilada al hombre, y, en el mejor de los casos, obtiene el sentimiento de una asimilación. Al igual que el astrólogo que consideraba las estrellas al servicio de los hombres y en conexión con su dicha y con su dolor, para el investigador en cuestión el mundo entero está vinculado a los hombres, como el eco infinitamente interrumpido de un sonido original: el hombre, como la reproducción multiplicada de una imagen primitiva: el hombre. Su método consiste en considerar al hombre como medida de todas las cosas, pero en este caso parte del error de creer que tiene todas estas cosas inmediatamente delante de sí, como objetos puros. En consecuencia olvida la calidad de metáforas, de las metáforas intuitivas originales y las tomas por las cosas mismas [10].

Sólo olvidando este mundo primitivo de metáforas, sólo por el endurecimiento y enriquecimiento de una ardiente oleada primordial de una masa de imágenes que surgen de la capacidad originaria de la de la imaginación humana, sólo por la fe invencible en que *este* sol, *esta* ventana, *esta* es una verdad en sí, en una palabra, sólo por olvidarse en tanto que sujeto y precisamente en cuanto sujeto de la creación artística, puede el hombre vivir con cierto reposo, seguridad y consecuencia: si pudiera salir por un solo momento de las paredes de la prisión de esta creencia, desaparecería inmediatamente su "conciencia de sí". Le cuesta ya reconocer que el insecto o el ave perciben un mundo totalmente distinto que el hombre y que carece totalmente de sentido el problema de cuál de las dos percepciones del mundo es más correcta, ya que para resolverlo habría que medir con la medida de la *percepción*

---

[10] Es preciso considerar este texto como la primera crítica filosófica del lenguaje en su estricta relación a la "verdad" realizada desde la investigación socrática. M. Foucault dice acertadamente (*Les Mots et les Choses*, p. 316) que Nietzsche "inició la tarea filosófica de una reflexión radical sobre el lenguaje". En efecto, Nietzsche no se atiene a la crítica habitual de los filósofos respecto del lenguaje vulgar, del lenguaje de la conciencia común; considera la totalidad del trabajo filosófico como de signo radicalmente lingüístico, como una cuestión de lenguaje cuya puesta a punto determinaría el valor de la "verdad".

exacta, es decir, con una medida que no existe[11]. Ahora bien, en mi opinión la "percepción exacta" —es decir, la expresión adecuada de un objeto en el sujeto— es un absurdo contradictorio, pues entre dos esferas absolutamente dispares, como son el sujeto y el objeto, no existe ninguna causalidad, ninguna exactitud, ninguna expresión, sino a lo sumo un comportamiento *estético,* quiero decir, una transposición indicativa, una traducción balbuceante a un idioma totalmente extraño, para lo cual, en cualquier caso, se requiere una esfera y una fuerza intermedias, libres en cuanto a su capacidad poetizadora e imaginativa. La palabra "fenómeno" implica muchas seducciones, por lo cual la evito todo lo que puedo, ya que no es cierto que la esencia de las cosas se manifieste en el mundo empírico. Un pintor que no tenga manos y que se proponga expresar mediante el canto la imagen que tiene delante revelará en este cambio de esferas mucho más que lo que el mundo empírico descubre de la esencia de las cosas. La misma relación de una excitación nerviosa a la imagen producida no es de suyo necesaria, pero si la misma imagen se reproduce millones de veces y es transmitida hereditariamente a través de muchas generaciones de hombres y, finalmente, aparece cada vez en toda la humanidad como consecuencia del mismo motivo, entonces termina adquiriendo para los hombres el mismo sentido que si fuera la única imagen necesaria y si la relación existente entre la primitiva excitación nerviosa y la imagen producida fuera rigurosamente de tipo causal; lo mismo que un sueño, eternamente repetido, que sería percibido y juzgado totalmente como realidad[12]. Ahora bien, el endurecimiento y el enrigidecimiento de una metáfora no garantizan en absoluto la necesidad y la autorización exclusiva de dicha metáfora.

---

[11] Cfr. párrafos 99 y 114.
[12] Crítica de la causalidad. Al igual que Hume, Nietzsche afirma que la "causalidad" se identifica con el hábito de ver sucederse de unos hechos (causas) y otros (efectos). Consúltense los párrafos 80, 81, 82, 97, 139 y 140.

Cierto que quien se haya familiarizado con tales consideraciones siente una profunda desconfianza contra todos los idealismos de este tipo cada vez que se convence rotundamente de la consecuencia, omnipresencia e infalibilidad eternas de las leyes de la naturaleza. Su conclusión es ésta: aquí, todo lo que llegamos a alcanzar, en la altura del mundo telescópico y en la profundidad del mundo microscópico, es seguro. está completo, es infinito, conforme a las leyes y sin lagunas; en estos pozos la ciencia cavará siempre con éxito y todo lo encontrado concordará y no se contradecirá. ¡Qué poco se parece esto a un producto de la fantasía!, ya que si fuera así debería denunciar en alguna parte la apariencia y la irrealidad. Por el contrario, es preciso decir que, si a nivel individual, cada uno tuviéramos una percepción sensorial diferente, podríamos percibirnos a nosotros mismos como aves o como gusanos o como plantas. o bien unos veríamos el mismo estímulo como rojo y otros como azul y otros lo oirían incluso como sonido, y así nadie hablaría de la regularidad de la naturaleza, sino que todo el mundo la concebiría como una creación altamente subjetiva. Además, ¿qué es para nosotros, en general, una ley de la naturaleza? No es algo que conozcamos en sí, sino sólo en sus efectos, es decir, en sus relaciones con otras leyes de la naturaleza que, a su vez, no conocemos más que como sumas de relaciones [13]. Por tanto, todas estas relaciones no hacen más que remitir invariablemente la una a la otra y nos resultan totalmente incomprensibles en cuanto a su esencia. De hecho, en todas ellas lo único que conocemos es lo que aportamos: el tiempo, el espacio, es decir, relaciones de sucesión y números. Pero todo lo maravilloso, justamente lo que admiramos en las leyes de la naturaleza, lo que reclama nuestra explicación y podría inducirnos a desconfiar del idealismo, se encuentra precisa y únicamente sólo en la rigidez matemática y en la inviolabilidad de las representaciones del espacio y del tiempo, representaciones que, por otra parte, producimos en nosotros y a partir de nosotros con la misma necesidad con la que la araña urde su tela. Dado que no podemos menos de concebir todas estas cosas únicamente bajo estas formas, nada tiene de extraño que en todas ellas sólo podamos com-

---

[13] Cfr. párrafo 150.

prender precisamente estas formas, pues todas ellas comportan necesariamente las leyes de los números y el número es lo más asombroso de las cosas. La regularidad, que tanto nos impresiona en el curso de los astros y en los procesos químicos, coincide en el fondo con las propiedades que aportamos a las cosas de forma que nos impresionamos a nosotros mismos. De todo esto se deduce que esta formación artística de metáforas supone el comienzo de toda percepción en nosotros, presupone ya tales formas y por tanto se cumple en ellas. Sólo teniendo en cuenta la persistencia de tales formas primigenias se explica la posibilidad de constituir posteriormente un edificio conceptual de las mismas metáforas. Se trata de una imitación de las relaciones de tiempo, espacio y número sobre el campo de las metáforas.

2

Como hemos visto, en la construcción de los conceptos trabaja originariamente el lenguaje [14] y en épocas posteriores la ciencia [15]. Así como la abeja construye las celdas y al mismo tiempo las llena de miel, así la ciencia trabaja incesantemente en este gran columbarium de los conceptos, en el sepulcro de las intuiciones, construye constantemente pisos nuevos cada vez más altos, afianza, limpia, renueva las viejas celdas y se esfuerza sobre todo en llenar hasta lo monstruoso este armazón elevado y de clasificar todo el mundo empírico, es decir, el mundo antropomórfico. Si ya el hombre de acción vincula su vida a la razón y a los conceptos para no ser arrastrado ni perderse a sí mismo, el investigador construye su cabaña inmediatamente al lado de la torre de la ciencia para poder colaborar en ella y encontrar una protección personal al pie

---

[14] Los conceptos son obra del lenguaje, no de un sujeto individual. La filosofía no se da en un mundo inteligible, modelo del mundo sensible; está incorporada al lenguaje, fenómeno bajo el cual aparece y se manifiesta en la opacidad y en la oblicuidad.

[15] La ciencia es otro sistema indepediente del individuo, del que este último recibe los conceptos en que participa a su escala aunque le dominan. "El instinto del saber" es esta fuerza ciega que anima el desarrollo de la ciencia "sin discernimiento".

del baluarte existente. Además necesita protegerse, pues hay poderes terribles que le acucian constantemente y que contraponen a la "verdad" científica "verdades" totalmente diferentes con las insignias más heterogéneas.

Este instinto que impulsa a la formación de metáforas, este instinto fundamental del hombre, del que en ningún momento se puede prescindir, porque en tal caso se habría prescindido del mismo hombre, en realidad no ha sido sometido ni prácticamente dominado por habérsele construido un mundo nuevo regular y rígido como una fortaleza con sus productos volatilizados, los conceptos. Busca un nuevo ámbito de acción y un nuevo cauce y los encuentra en el *mito* y, sobre todo en el arte [16]. Al establecer nuevas transposiciones, metáforas y metonimias, confunde constantemente las rúbricas y las celdas de los conceptos; muestra ininterrumpidamente el deseo de configurar el mundo real del hombre vigilante, tan abigarrado, tan irregular, tan inconsciente, tan incoherente, con el encanto y con la perenne novedad del mundo del sueño. En sí, el hombre vigilante sólo tiene conciencia de que vigila a través del entrelazado rígido y regular de los conceptos y precisamente por esto llega a creer que sueña en el momento en que el arte desgarra dicho entramado conceptual. Pascal ha afirmado con razón que si cada noche nos sobreviniese el mismo sueño nos preocuparíamos de él tanto como de las cosas que vemos cada día: "si un artesano estuviera seguro de soñar cada noche, durante doce horas, que es rey, pienso" dice Pascal, "que sería tan feliz como el rey que todas las noches soñara durante doce horas que es un artesano". El día de vela de un pueblo estimulado por el mito como, por ejemplo, el de los antiguos griegos, en virtud del milagro continuamente operante, tal como lo admite el mito, se asimila de hecho mucho más al sueño que al día del pensador desilusionado por la ciencia. Cuando todos los árboles pueden hablar con ninfas o bajo la máscara de un toro un dios puede llevarse consigo vírgenes, cuando de pronto se ve a la diosa

---

[16] Este pensamiento radical nos remite a los párrafos 16 y 65. El filósofo, el sabio y el artista no son totalmente diferentes: la lógica tiene una raíz en el arte, ya que la metáfora impone la primera identificación "falsa" que permite la ciencia. Cfr. párrafo 177.

Atenea atravesando los mercados de Atenas con un hermoso tronco de caballos, en compañía de Pisístrato —y esto lo creía el probo ateniense—, entonces, en todo momento, como en el sueño, todo es posible y la naturaleza entera ronda en torno al hombre como si no fuera más que la mascarada de los dioses para quienes engañar a los hombres bajo todas las formas fuera únicamente cuestión de juego.

Ahora bien, el mismo hombre tiene una tendencia incoercible a dejarse engañar y se siente como arrebatado de felicidad cuando el rapsoda le relata cuentos épicos como si fueran verdaderos o cuando el acto representa en la escena al rey con rasgos más regios que en la realidad. El intelecto, este maestro del disimulo, se encuentra libre y desembarazado de su trabajo de esclavo todo el tiempo que puede engañar sin causar perjuicio y entonces celebra sus saturnales. Nunca jamás es más exuberante, más rico, más orgulloso, más hábil ni más temerario; con placer creador, lanza metáforas desordenadamente y desplaza los mojones de las abstracciones, de forma que, por ejemplo, para él la corriente es un camino en movimiento que lleva al hombre adonde suele ir. En este momento ha arrojado lejos de sí el signo de la servidumbre; ocupado normalmente en la triste actividad de mostrar el camino y el instrumental a un pobre individuo que desea ardientemente la existencia y como un servidor que sale en busca de presa y de botín para su señor, ahora se ha convertido en señor y se puede permitir eliminar de su rostro la expresión de indigencia. Por comparación con sus hechos anteriores, todo lo que hace actualmente comporta el disimulo, como lo que hacía antes comportaba la distorsión. Copia la vida del hombre pero la acepta como una cosa buena y da la impresión de sentirse satisfecho de ella. Estos gigantescos andamiajes y entramado de tablas de los conceptos a los que, durante toda su vida, se agarra el hombre menesteroso para salvarse, representan para el intelecto liberado una mera armadura y un juego para sus obras de arte más temerarias, y cuando lo deshace, confunde sus elementos, los recompone irónicamente emparejando las piezas dispares y separando las más similares, descubre que no necesita el expediente de la indigencia y que ahora ya no se deja guiar por conceptos, sino por intuiciones. A partir de estas intuiciones no existe ningún camino regular que conduzca al país de los esquemas quiméricos, de las abstracciones: no está hecha la palabra para ellas, el hombre enmudece al verlas o habla con metáforas claramente prohibidas o mediante construcciones conceptuales inauditas para responder de un modo creador, aunque no sea más que a través de la destrucción y de la burla de las viejas barreras conceptuales, a la impresión de la poderosa intuición del presente.

Hay épocas en las que el hombre racional y el hombre intuitivo están muy próximos, el uno por miedo a la intuición, el otro por desprecio de la abstracción; el último es tan irracional como el primero insensible al arte. Ambos a dos desean vivamente el dominio de la vida: éste, haciendo frente a las necesidades más importantes con previsión, prudencia y regularidad; aquél, como "héroe desbordante de felicidad" no ve dichas necesidades y sólo acepta como real la vida enmascarada de apariencia y belleza. Cada vez que el hombre intuitivo, como sucedía en la antigua Grecia, maneja sus armas con más poder y con mayores triunfos que su adversario, puede formarse en circunstancias favorables una cultura y fundarse el predominio del arte sobre la vida: el enmascaramiento, la negación de la indigencia, el brillo de las intuiciones metafóricas y, en general, la inmediatez de la ilusión acompañan todas las manifestaciones de la vida en cuestión. Ni la casa, ni el porte, ni el vestido, ni la jarra de arcilla indican que la necesidad les alcanzó: parece como si en todos ellos hubiera de manifestarse una felicidad sublime, una serenidad olímpica y al mismo tiempo un jugar con lo serio. Mientras el hombre dirigido por los conceptos y las abstracciones se limita a defenderse de la desgracia, sin que tales abstracciones le proporcionen felicidad, mientras aspira a alcanzar la máxima liberación del dolor, el hombre intuitivo, situado en medio de una cultura, obtiene de sus intuiciones, además de la defensa con el mal, una iluminación incesantemente fluente, una expansión, una redención: Cierto que *cuando* sufre, sufre más: incluso sufre con más frecuencia, ya que nunca aprende de la experiencia y cae una y otra vez en la misma fosa en que ya cayó. En el dolor es tan irracional como en la felicidad, grita fuertemente y no encuentra ningún consuelo. Ante la misma desgracia, ¡qué diferente es el comportamiento del estoico, del hombre instruido por la experiencia, del que se domina mediante los conceptos! El, que por otra parte sólo busca la sinceridad, la verdad, la liberación de las ilusiones y la protección contra las sorpresas seductoras, ahora, en la desgracia, depone la obra maestra del disimulo como aquél en la felicidad; no tiene un rostro humano móvil y animado, sino que lleva una máscara con rasgos dignamente proporcionados, no grita y ni siquiera altera su voz: cuando un auténtico nublado descarga sobre él, se resguarda en su capa y se aleja caminando lentamente bajo la tempestad.

DISPOSICION DE LAS PARTES ULTERIORES

3

Descripción del confusionismo caótico existente en una época mítica. Lo oriental. Inicios de la filosofía en cuanto ordenadora de los cultos y de los mitos; organiza la unidad de la religión.

4

Inicios de una actitud irónica frente a la religión. Nueva aparición de la filosofía.

5, etc. Narración

Conclusión: el Estado de Platón como *superhelénico,* como no imposible. La filosofía alcanza aquí su punto culminante en cuanto fundadora constitucional de un Estado metafísicamente ordenado.

ESBOZOS

176

"Verdad"

1. La verdad en cuanto deber incondicionado y hostil negadora del mundo.

2. Análisis del sentido general de la verdad (inconsecuencia).

3. El pathos de la verdad.

4. Lo imposible en cuanto correctivo del hombre.

5. El fundamento del hombre, engañoso por optimista [17].

6. El mundo de los cuerpos.

7. Individuos.

8. Formas.

9. El arte. Hostilidad contra él.

10. Sin no-verdad, ni sociedad ni cultura [18]. El conflicto trágico. Todo el bien y toda la belleza dependen de la ilusión: la verdad mata —incluso se mata a sí misma— (en la medida en que reconoce que se funda en el error).

177

¿Qué es lo que, en cuestión de verdad, corresponde a la *ascesis?* En cuanto fundamento de todos los contratos y presupuesto de la subsistencia del género humano, la veracidad es una exigencia eudemónica a la que se opone el hecho de saber que el supremo bienestar del hombre se encuentra en las *ilusiones.* Por tanto, según el axioma eudemónico, habría que utilizar la verdad y la *mentira,* que es justamente lo que sucede.

Concepto de la *verdad prohibida,* es decir, de una verdad que *encubre* y *enmascara* la mentira eudemónica. Antítesis: *la mentira prohibida* que aparece donde domina la verdad permitida.

Símbolo de la verdad prohibida: *fiat veritas, pereat mundus.* Símbolo de la mentira prohibida: *fiat mendacium, pereat mundus.*

Lo primero que se hunde en virtud de las verdades prohibidas es el individuo que las enuncia. Lo último que se

---

[17] Se trata del optimismo del hombre teorético que vive para la ciencia, es decir, en la ilusión socrática, la más tenaz de las tres ilusiones, ya que se resiste a ser tenida por tal.

[18] La cultura se funda en la mentira. En *El nacimiento de la tragedia,* Nietzsche opone la mentira de la cultura (Kulturlüge) a la verdad natural del fondo trágico del universo o verdad radical.

hunde a través de mentira prohibida es el individuo. Este se sacrifica con el mundo; aquél sacrifica el mundo en aras de sí mismo y de su existencia.

Casuística: ¿es lícito sacrificar la humanidad en aras de la verdad?

1. ¡Imposible! Si Dios quisiera, la humanidad podría morir por la verdad.

2. Si fuera posible, sería una buena muerte y una liberación de la vida.

3. Sin ciertas dosis de *locura,* nadie puede creer firmemente estar en posesión de la verdad: el escepticismo no tardará en presentarse.

A la pregunta: ¿Es lícito sacrificar la humanidad a una *locura?,* habría que responder negativamente, pero en la práctica es esto lo que sucede, ya que creer en la verdad es precisamente locura.

La fe en la verdad —o la locura—. Eliminación de todos los elementos constitutivos *eudemónicos:*

1. en cuanto mi *propia* fe;

2. en cuanto *hallada* por mí;

3. en cuanto fuente de buenas opiniones en los demás, de la fama, del ser amado;

4. en cuanto imperiosa sensación voluptuosa de resistencia.

Una vez eliminados todos estos elementos, ¿es todavía posible el enunciado de la verdad [20] puramente como *deber?*

---

[19] El mentiroso infringe las leyes lingüísticas de la sociedad. Dice: "soy rico" cuando en realidad es pobre; en cuanto miembro de la sociedad está obligado, por el contrario, a mentir de acuerdo con las convenciones establecidas. La mentira prohibida consiste en negarse a pagar con las palabras en curso y la verdad prohibida consiste en manifestar lo que perjudica a la comunidad, o bien en decir la verdad sobre las mismas convenciones sociales.

[20] Decir la verdad cueste lo que cueste es una actitud socrática (§ 70). Sócrates es el hombre verídico que no manifiesta la verdad más que en la medida en que la misma es decible. Ahora bien, si la posesión de la verdad es mera creencia, simple convicción de poseer la verdad, ¿existe el "deber" de decir la verdad? La verdad desinteresada no existe, porque es imposible suprimir todo tipo de fe; queda al menos la fe en la lógica o en la vida. Si a la base de la verdad supuestamente pura se descubre el eudemonismo, dicha ver-

Análisis de la *fe en la verdad,* pues en el fondo toda posesión de la verdad no es más que una convicción de poseer la verdad. El pathos, el sentimiento del deber, procede de *esta fe,* no de la pretendida verdad. La fe presupone en el individuo una *capacidad de conocimiento* incondicionada y además la convicción de que nunca jamás un ser cognoscente llegará más lejos en este campo; por tanto, la obligación para todas las amplitudes de seres cognoscentes. La *relación* elimina el pathos de la fe, por ejemplo la eliminación a lo humano, con la hipótesis escéptica de que tal vez nos equivocamos todos.

¿Cómo es posible el *escepticismo?* Aparece como el punto de vista propiamente *ascético* del pensamiento, pues no cree en la fe y, por tanto, destruye todo el ámbito bendecido por la fe.

Ahora bien, hasta el mismo escepticismo comporta una fe: la fe en la lógica. En consecuencia, el caso extremo lo constituye el abandono de la lógica, el *credo quia absurdum est,* duda de la razón y de su negación. Cómo aparece esto como consecuencia de la ascesis. Nadie puede *vivir* así, ni tampoco en el ascetismo puro. Con lo cual se demuestra que la fe en la lógica y la fe en general son necesarias para la vida y que, por tanto, el ámbito del pensamiento es eudemónico. Pero entonces se destaca la exigencia de la mentira: cuando efectivamente vida y *eudaimonía* constituyen un argumento. El escepticismo se vuelve contra las verdades prohibidas. Entonces falta el fundamento de la verdad pura en sí y el instinto correspondiente es un simple instinto eudemónico enmascarado.

En el fondo los fenómenos de la naturaleza nos resultan inexplicables. Lo único que podemos hacer es constatar la escenografía respectiva en la que se desarrolla el verdadero drama. Entonces hablamos de causalidades, mientras que en el fondo sólo vemos una sucesión de hechos. La necesidad de que esta sucesión se produzca invariablemente en una escenografía determinada es un hecho de fe infinidad de veces rebatido.

La lógica no es más que la esclavitud en los lazos del len-

_____

dad pierde todo fundamento y, además, el entusiasmo sirve de fundamento a la mentira.

guaje [21]. Ahora bien, el lenguaje incluye un elemento ilógico, la metáfora, etc. La primera fuerza determina una equiparación de lo desigual y, por tanto, es efecto de la fantasía. Esta es la base de la existencia de los conceptos, de las formas, etc. [22].

"Leyes de la naturaleza". Simples relaciones recíprocas y respecto del hombre.

El hombre como *medida* definitiva y firme *de las cosas*. En cuanto lo imaginamos flúido y oscilante, cesa la rigidez y las leyes de la naturaleza. Las leyes de la sensación —como núcleo de las leyes de la naturaleza, mecánica de los movimientos. La fe en el mundo exterior y en el pasado, en el ámbito de la ciencia de la naturaleza.

Lo más verdadero de este mundo: el amor, la religión y el arte. El primero, a través de todos los disimulos y de todas las mascaradas, llega al núcleo, al individuo sufriente y le acompaña en su dolor; el último, en cuanto amor práctico, le consuela de su dolor hablándole de otro orden del mundo y enseñándole a despreciar éste. Son los tres poderes *ilógicos* que se reconocen como tales.

178

La coincidencia incondicionada en el campo lógico y en el matemático no remite a un cerebro, a un órgano de desarrollo anormal —¿a una razón?, ¿a un alma?—. Lo total y completamente *subjetivo* es aquello en virtud de lo cual somos *hombres*. Es la herencia acumulada en la que participamos todos.

---

[21] El razonamiento de la nota 20 puede proseguirse a propósito de la lógica: si se admite un punto de partida ilógico y se establece una identidad falsa, toda la lógica pierde su fundamento; inversamente, el fundamento metafórico de la lógica sirve para fundar el arte, al que al mismo tiempo da un valor comparable a la ciencia, e incluso superior, ya que se mantiene sobre bases perfectamente conocidas, en tanto que la lógica implica una exigencia de rigor.

[22] Cfr. *Histoire naturelle de la Morale* y, en particular, el párrafo 192 *(Más allá del Bien y del Mal)*, que recoge esta tesis crítica relativa al antropomorfismo radical de la ciencia.

179

La ciencia de la naturaleza consiste en adquirir conciencia de todo lo que se posee por herencia; es el registro de las leyes firmes y rígidas de la sensación.

180

No existe instinto de conocimiento ni de verdad, sino sólo un instinto de fe en la verdad; el conocimiento puro se da al margen de los instintos.

181

Todos los instintos van unidos al placer y al displacer; no puede haber un instinto de verdad, es decir, una verdad totalmente carente de consecuencias, pura, sin emoción, pues entonces desaparecería el placer y el displacer y no existe ningún instinto que, en su satisfacción, no presienta un placer. El *placer de pensar* no indica un deseo de verdad. El placer de todas las percepciones sensoriales consiste en que las mismas han tenido lugar con *razonamientos*. Hasta aquí el hombre nada incesantemente en un mar de placer. Ahora bien, ¿hasta qué punto puede *crear placer el razonamiento, la operación lógica?*

182

Lo imposible de las virtudes.
El hombre no ha surgido de estos instintos supremos, todo su ser refleja una moral más laxa, salta por encima de su ser con la moral más pura.

183

Arte. Mentira piadosa y mentira gratuita. Sin embargo, es preciso referir la última a una necesidad.
Todas las mentiras son piadosas. El placer de la mentira es estético. En caso contrario sólo la verdad incluye un placer.

El placer estético es el supremo, porque enuncia la verdad de un modo absolutamente general bajo la forma de la mentira.

Concepto de la personalidad, incluidas las ilusiones necesarias para la libertad moral, de forma que hasta nuestros instintos de verdad se basan en el fundamento de la mentira.

La verdad en el sistema del *pesimismo*. El pensar es una cosa que sería mejor que no existiera.

184

¿Cómo es posible el arte sólo como mentira?

Mi ojo, cerrado, ve en sí mismo innumerables imágenes cambiantes, las ha producido la fantasía y yo sé que no responden a la realidad. Por tanto creo en ellas únicamente en cuanto imágenes, no en cuanto realidades.

Superficies, formas.

El arte comporta la alegría de despertar la fe a través de superficies: pero ¡sin resultar engañado! Entonces el arte dejaría de ser.

El arte lo deriva hacia una ilusión —pero, ¿no somos engañados?—.

¿De dónde procede el placer de la ilusión intentada, de la apariencia siempre reconocida como tal?

Por tanto el arte maneja la *apariencia como apariencia;* en consecuencia no se propone engañar, *es verdadero.*

La consideración pura, sin deseos, sólo es posible en la apariencia reconocida como tal que no quiere inducir a la creencia y no incita en absoluto nuestra voluntad.

Unicamente quien pudiera considerar la totalidad del mundo *como apariencia* estaría en condiciones de contemplarlo sin deseos y sin instintos: el artista y el filósofo. Aquí desaparece el instinto.

Mientras se busca la *verdad* en el mundo, se está bajo el dominio del instinto, pero el que quiere el *placer* y no la verdad, busca la fe en la verdad, es decir, los efectos placenteros de esta fe.

El mundo como apariencia —el santo, el artista, el filósofo—.

185

Todos los instintos eudemónicos despiertan la fe en la verdad de las cosas, del mundo —así toda la ciencia— dirigida al devenir, no al ser.

186

Platón como prisionero de guerra, ofrecido en un mercado de esclavos —¿para qué quieren los hombres a los filósofos?—. Esto permite adivinar para qué quieren la verdad.

187

  I. La verdad en cuanto pretexto de incitaciones e instintos totalmente diversos.
  II. El pathos de la verdad se refiere a la fe.
III. El instinto de la mentira, fundamental.
IV. La verdad es incognoscible. Todo lo cognoscible es apariencia. Significación del arte en cuanto apariencia genuina.

(Kröner, X, pp. 189-215.)

IV

LA CIENCIA Y EL SABER
EN CONFLICTO

188

La ciencia y el saber en conflicto

La ciencia (N. B. *antes* de ser hábito e instinto) aparece:

1. cuando no se considera buenos a los dioses. Es una gran ventaja conocer algo como firme;
2. el egoísmo impulsa al individuo a buscar su interés, a través de la ciencia, en determinadas ocupaciones, como por ejemplo la navegación;
3. algo para gente distinguida que dispone de tiempo libre. Curiosidad;
4. en el frenético vaivén de las opiniones del pueblo, el individuo busca un fundamento más firme.

¿En qué se distingue este instinto de la ciencia del instinto general de aprender y admitir cosas? Sólo por el menor grado de egoísmo o por la mayor amplitud de su interés. *Primeramente* un perderse en las cosas. *En segundo lugar* un egoísmo desarrollado más allá del individuo.

El saber se manifiesta:

1. en la generalización ilógica y en el pasar rápidamente al último objetivo;
2. en la relación de estos resultados a la vida;
3. en la importancia absoluta que se atribuye a la propia alma. Una sola cosa es necesaria.

El socratismo es *primeramente* saber en el hecho de tomar en serio el alma.

En segundo lugar ciencia en cuanto temor y odio a la generación ilógica.

En tercer lugar algo peculiar en virtud de la exigencia de una acción consciente y lógicamente correcta. Así salen perjudicadas la ciencia y la vida ética.

Mera confesión: Sócrates me resulta tan cercano que casi siempre estoy luchando con él.

189

1. ¿Qué colores presenta el mundo de los antiguos griegos?
2. ¿Cuál es su actitud frente a los no filósofos?
3. Es mucho lo que depende de sus *personas:* adivinar estas últimas constituye el sentido de mi reflexión sobre sus enseñanzas.
4. La ciencia y el saber en conflicto entre ellos.
5. Ley derogatoria irónica: todo es falso. Cómo el hombre se agarra a una viga.

Existe también una manera *irónica y triste* de contar esta historia. En cualquier caso me propongo evitar el tono monótonamente serio.

Sócrates *trastorna el todo* en el momento en que el todo se había aproximado *más* a la verdad; se trata de algo particularmente *irónico.*

Pintarlo todo sobre el fondo del mito. Su infinita inseguridad y fluctuación. Se añora una mayor seguridad.

* La vida de los griegos únicamente resplandece en los lugares alcanzados por el resplandor del mito; en los otros es más sombría. Ahora los filósofos se abstienen del mito, pero ¿cómo se comportan en esta oscuridad?

El individuo que se propone apoyarse *en sí mismo,* necesita *conocimientos últimos,* la filosofía. Los demás necesitan la ciencia, desarrollo lento.

---

* Cfr. *Humano, demasiado humano,* I, núm. 261.

También la independencia es puramente aparente: en última instancia cada uno se une a sus predecesores. Los fantasmas a los fantasmas. Resulta cómico tomarlo todo con tanta seriedad. Toda la filosofía antigua en cuanto extraño *laberinto* de la razón. Es preciso mantener un tono de sueño y de cuento.

La evolución de la *música* y de la *filosofía* griegas es paralela. Comparación de ambas en la medida en que manifiestan el ser helénico. En realidad la música sólo nos es conocida por su sedimentación en la lírica.

Empédocles	— tragedia	Monodia sacral.
Heráclito	— Arquíloco	Jenófanes en el estilo del *Symposion*.
Demócrito	— Anacreonte	
Pitágoras	— Píndaro	(Toda comparación de personas es errónea y estúpida.)
Anaxágoras	— Simónides	

191

Son tantas las cosas que dependen de la cultura griega porque nuestro mundo occidental ha recibido de ella sus impulsos. La fatalidad quiso que el helenismo más reciente y degenerado haya manifestado el máximum de fuerza histórica. Por esta razón el helenismo más antiguo ha merecido siempre un juicio falso. Es preciso conocer exactamente el más reciente para distinguirlo del más antiguo. Existen muchas posibilidades no descubiertas todavía debido a que tampoco los griegos las descubrieron. Los griegos *descubrieron* otras que después *recubrieron*.

192

Estos filósofos demuestran *los peligros que encerraba la cultura griega*.

El mito como sofá del pensamiento — en el campo contrario la abstracción fría y la ciencia rigurosa. Demócrito.

111

La muelle comodidad de la vida	— en el campo contrario la sobriedad, la concepción rigurosamente ascética de Pitágoras, Empédocles y Anaximandro.
Crueldad en la lucha y en el combate	— en el campo contrario, Empédocles con su reforma del sacrificio.
Mentira y engaño	— en el campo contrario entusiasmo por lo verdadero independientemente de las consecuencias.
Flexibilidad, sociabilidad exagerada	— en el campo contrario el orgullo y la soledad de Heráclito.

Estos filósofos muestran la fuerza vital de esta cultura que produce sus propios correctivos.

¿Cómo se extingue esta época? De un modo innatural. ¿Dónde se encuentran entonces los gérmenes de la corrupción?

La huida del mundo por parte de los mejores fue una gran desgracia. A partir de Sócrates: de una sola vez el individuo se considera demasiado importante.

Además vino la peste, para Atenas.

Entonces se llegó al abismo debido a las *guerras contra los persas.* El peligro fue demasiado grande y la victoria excesivamente extraordinaria. La muerte de la gran lírica musical y de la filosofía.

193

La antigua filosofía griega es la filosofía de *políticos netos.* ¡Qué miseria la de nuestros hombres de Estado! Por lo demás ésta es la diferencia más acusada entre los presocráticos y los postsocráticos.

Entre ellos no existía la "infame pretensión de felicidad" como sucedió a partir de Sócrates. No todo giraba en torno al estado de su alma, pues no se piensa sin peligro sobre *él.* Después se comprendió mal el *gnôthi sautón* de Apolo.

Tampoco *parloteaban* tanto ni *decían tantos insultos;* ni escribían. El helenismo debilitado, romanizado, avillanado, convertido en simple decoración; después aceptado, en calidad de aliado, como cultura decorativa por el cristianismo debilitado, difundido por la fuerza entre pueblos no civilizados: he aquí la historia de la cultura occidental. Se ha efectuado el juego de manos y se han reunido el elemento griego y el elemento clerical.

Me propongo sumar Schopenhauer, Wagner y el helenismo antiguo: se presenta en perspectiva una espléndida cultura.

Comparación de la filosofía antigua con la postsocrática.

1. La antigua está vinculada al *arte,* su solución de los enigmas universales admite en muchas ocasiones la inspiración del arte;
2. *no* es la negación del *otro* estilo de vivir, sino que, como una flor rara, *surge* de él; expresa sus secretos. (Teoría-práctica);
3. no es tan *individualmente eudemonológica* y está desprovista de la infame pretensión de la felicidad;
4. estos mismos filósofos antiguos manifiestan en su vida un saber superior, no un cúmulo de virtudes frías y prudentes. Su imagen vital es más rica y compleja; los socráticos simplifican y banalizan.

La historia tripartita del *ditirambo:*

1. el de Arión —origen de la tragedia antigua—;
2. el ditirambo político, agonístico —paralelamente la tragedia domesticada—;
3. el ditirambo mimético, genialmente rudo.

En los griegos es muy frecuente el caso de que una forma más *antigua* sea superior, por ejemplo, en el *ditirambo* y en la *tragedia.* El peligro de los griegos estaba en el *virtuosismo* de todo tipo; con Sócrates empiezan los virtuosos de la vida, Sócrates, el nuevo ditirambo, la nueva tragedia, el *descubrimiento de retórico.* El *retórico es un descubrimiento griego de la época tardía.* Descubrieron la "forma en sí" (y también el filósofo correspondiente).

¿Qué sentido tiene la lucha de Platón contra la retórica? *Siente envidia* de su influencia.

El helenismo antiguo *reveló sus fuerzas en la serie de filósofos.* Con Sócrates esta revelación se interrumpe. Sócrates intenta *producirse a sí mismo* y repudiar toda tradición.

Mi tarea, en general, consiste en señalar cómo la vida, la filosofía y el arte pueden mantener entre sí una relación de afinidad profunda sin que la filosofía se trivialice ni la vida del filósofo resulte falaz.

Es fantástico que los antiguos filósofos hubieran podido vivir con tanta libertad *y no terminaran siendo ni locos ni virtuosos.* La libertad del individuo era inconmensurable.

La oposición, falsa, entre *vida práctica* y *contemplativa,* es asiática. Los griegos comprendieron mejor las cosas.

194

Cabe presentar a estos antiguos filósofos como a quienes sentían la atmósfera y las costumbres griegas como *destierro* y *limitación:* como liberadores de sí mismos (lucha de Heráclito contra Homero y Hesíodo, Pitágoras contra la mundanización, todos contra el mito, sobre todo Demócrito). Frente al artista y al político griegos tenían una laguna en su naturaleza.

Les considero como los *precursores de una reforma de los griegos,* pero no como los precursores de Sócrates. Pero su reforma no llegó y en Pitágoras se dio a nivel de secta. Un grupo de fenómenos incluyen este espíritu de reforma —el *desarrollo* de la *tragedia*—. El *reformador malogrado* es *Empédocles;* tras su fracaso sólo quedó Sócrates. Así se explica perfectamente la hostilidad de Aristóteles contra Empédocles.

Empédocles —Estado libre— transformación de la vida— reforma popular —intento a través de las grandes fiestas helénicas—.

En cualquier caso la tragedia fue un medio. ¿Píndaro?

No encontraron su filósofo ni su reformador. Obsérvese a Platón: fue desviado por Sócrates. Intento de una caracterización de Platón *sin* Sócrates. Tragedia —concepción profundar del amor— naturaleza pura— no alejamiento fanático—

114

evidentemente los griegos estuvieron a punto de encontrar *un tipo* de hombre *más elevado todavía* que el de sus predecesores; se interpuso el corte de tijeras. Todo queda en la *época trágica* de los griegos.

1. Imagen de los helenos desde el punto de vista de sus peligros y de sus perversiones.
2. En sentido opuesto, contraimagen de las corrientes trágicas. Nueva interpretación del mito.
3. Los esbozos de reformadores. Intentos de adquirir la *imagen del mundo.*
4. La decisión —Sócrates—. *Platón el desviado.*

195

La pasión de Mimnermo, el odio contra la *antigüedad.*

La profunda melancolía de Píndaro: la vida humana se ilumina con el rayo que llega de arriba.

Lo trágico de la tragedia consiste en comprender el mundo *desde el dolor.*

Tales —el no mítico—.

Anaximandro —la decadencia y el nacimiento en la naturaleza concebidos a nivel moral como culpa y castigo—.

Heráclito —la legalidad y la justicia en el mundo—.

Parménides —el otro mundo detrás de éste; éste como problema—.

Anaxágoras —arquetipo de mundos—.

Empédocles —amor y odio ciegos; lo profundamente irracional en lo más racional del mundo—.

Demócrito —el mundo totalmente desprovisto de razón y de instinto, profundamente sacudido—. Inutilidad de todos los dioses y de todos los mitos.

Sócrates: no me queda más que mi propio yo; la angustia ante el sí mismo pasa a ser el alma de la filosofía.

Intento de Platón de pensar todo hasta el fin y de ser el redentor.

Hay que describir a las personas tal como he descrito a Heráclito. Intercalar lo histórico.

* En el mundo domina la *progresividad*; en los griegos el avance es rápido y, por tanto, también el retroceso es terriblemente rápido. Una vez que el genio griego agotó sus tipos supremos, el griego se hundió rapidísimamente. Fue preciso que una sola vez se produjese una interrupción y que la gran forma de la vida no se colmase: pasó inmediatamente; exactamente igual que en la tragedia. Un solo testarudo poderoso como Sócrates —el desgarramiento fue irreparable—. En él se consuma la autodestrucción de los griegos. Creo que todo se debe a que era hijo de un escultor. Si las artes plásticas llegaran a hablar, nos parecerían superficiales; en Sócrates, el hijo del escultor, la superficialidad salió a luz [1].

196

Los hombres se hicieron más *agudos* durante la Edad Media.

Los medios de que se sirvieron fueron el cálculo efectuado según dos medidas, la sutilidad de la conciencia y la exposición de la Escritura. La Antigüedad desconoció esta forma de *agudización del espíritu* por presión de una jerarquía y de una teología. Inversamente, en medio de la gran libertad del pensamiento los griegos fueron politeístas y horizontales, se empezaba a creer y se dejaba de creer a voluntad. En este sentido les faltaba el placer de las sutilezas retorcidas y, por tanto, el tipo de chiste preferido en la época moderna. Los griegos eran poco agudos; por esta razón se dio tanta importancia a la ironía de Sócrates. En este punto Platón me resulta muchas veces ligeramente torpe.

Con Empédocles y Demócrito los griegos estaban en el mejor camino para *estimar correctamente* la existencia humana, su sin razón, su dolor; *no llegaron a hacerlo* debido a

---

* Cfr. *Humano, demasiado humano*, I, núm. 261.

[1] Según *El nacimiento de la tragedia*, Sócrates es un ser de superficie y de altura: eleva la pirámide del saber. Por el contrario, el ser de las profundidades es Dionisios quien abre el abismo dionisíaco reteniendo la horrible verdad. Entre los dos se extiende el mundo intermedio de Apolo, inspirador de la forma plástica. El socratismo es hijo del apolineísmo exactamente en la misma medida en que Sócrates es hijo de escultor.

Sócrates. A todos los socráticos les falta la visión natural del hombre; tienen en su cabeza las monstruosas abstracciones de "lo bueno, lo justo". Léase a Schopenhauer y plantéese el problema del motivo por el que los antiguos carecieron de dicha mirada profunda y libre: ¿*era preciso* tenerla? No lo entiendo. Al contrario. Por causa de Sócrates perdieron la naturalidad. Sus mitos y sus tragedias son mucho más sabios que las éticas de Platón y de Aristóteles; sus *estoicos* y sus *epicúreos* son pobres en relación con sus antiguos poetas y políticos.

Influencia de Sócrates:

1. Destruyó la naturaleza del juicio ético.
2. Aniquiló la ciencia.
3. No tenía sentido del arte.
4. Arrancó al individuo de su vinculación histórica.
5. Indiscreción dialéctica y charlatanería enardecidas.

197

Ya no creo en la "*evolución natural*" de los griegos: estaban demasiado dotados como para proceder *progresivamente,* según los modos paulatinos propios de la piedra y de la estupidez*. Las guerras contra los persas constituyen la desgracia nacional: el éxito fue excesivo, estallaron todos los instintos perversos, el deseo tiránico de reinar sobre la totalidad de la Hélade alcanzó a todos los individuos y a todas las ciudades. La hegemonía de Atenas (en el plano del espíritu) supuso la opresión de toda una serie de fuerzas; basta pensar en el largo período de improductividad ateniense en el campo de la filosofía. Píndaro no hubiera sido posible como ateniense: la prueba está en Simónides. Ni tampoco Empédocles, ni Heráclito. Casi todos los grandes músicos proceden del exterior. La tragedia ateniense no es la forma suprema que cabe imaginar. Sus héroes se resienten excesivamente de la ausencia del elemento pindárico. En términos generales: hasta qué punto fue espantoso que tuvo que estallar la lucha entre *Esparta*

---

* Cfr. *Humano, demasiado humano,* I, núm. 361.

y Atenas —se trata de algo que no puede ser considerado con suficiente profundidad.

La hegemonía espiritual de Atenas fue el obstáculo de esta reforma. Es preciso trasladarse con el pensamiento a la época en que todavía no existía dicha hegemonía: no fue necesaria, sólo lo fue como consecuencia de las guerras contra los persas, es decir, después de que el poder físico y político hubiera demostrado su necesidad. Por ejemplo, Mileto —y Agrigento— estaba mucho mejor dotado.

El tirano, que puede hacer cuanto guste, es decir, el griego al que ningún poder retiene en sus límites, es un ser totalmente desmesurado, "subvierte las costumbres de su patria, ejerce violencia sobre las mujeres y asesina a los hombres a su antojo". El mismo carácter desenfrenado tiene el libre-espíritu tiránico, ante el cual los griegos sentían angustia. Odio al rey —signo de mentalidad democrática—. Creo que la reforma hubiera sido posible en el caso de que algún tirano hubiera sido un Empédocles. Al exigir un filósofo para el trono, Platón expresaba una idea *posible* en una época anterior: la encontró después de que había pasado el tiempo de realizarla. ¿Periandro?

198

Sin el tirano Pisístrato los atenienses no hubieran tenido tragedia, pues Solón estaba en contra, sólo que se había despertado ya el gusto por la tragedia. ¿Qué pretendía Pisístrato con estas grandes explosiones de tristeza?

Aversión de Salón contra la tragedia: piénsese en las limitaciones de las ceremonias fúnebres, en la prohibición de los trenos. Se cita el *manikón pénthos* de las mujeres milesias.

Según la anécdota, lo que desagradaba a Solón era el *disimulo:* se descubre el natural no artista de los atenienses.

Clístenes, Periandro y Pisístrato, los protectores de la tragedia en cuanto diversión del pueblo, el gusto del *manikón pénthos,* Solón quiere la moderación.

Las tendencias centralizadoras surgidas de las guerras contra los persas: Esparta y Atenas se apoderaron de ellas. Por el contrario, entre 776 y 560 no había nada de ellas: florecía la cultura de la polis; creo que, de no mediar la guerra contra los persas, se habría comprendido la idea de la centralización bajo la forma de una *reforma del espíritu* —¿Pitágoras?—.

Entonces se trataba de la unidad de las fiestas y del culto: aquí habría comenzado también la reforma. *La idea de una tragedia panhelénica* —entonces todavía se habría desarrollado una fuerza infinitamente más rica—. ¿Por qué no se produjo? Después de Corinto, Sición y Atenas habrían desarrollado este arte.

La máxima pérdida que puede sobrevenir a la humanidad es la no realización de los supremos tipos de vida. Algo así ocurrió *entonces*. Un paralelismo nítido entre este ideal y el cristiano. (Utilícese la observación de Schopenhauer: "Los hombres superiores y nobles asimilan pronto esta educación del destino y se adaptan a la misma con flexibilidad y reconocimiento; comprende que en el mundo pueden encontrarse muchas enseñanzas, pero no la felicidad, y terminan diciendo con Petrarca: *"altro diletto, che'mparar, non provo."* De este modo existe la posibilidad de que secunden sus deseos y aspiraciones, en cierto sentido, sólo aparente y frívolamente, mientras que en el fondo de sí mismos de hecho sólo esperan enseñanza, siendo esto lo que les da un aspecto contemplativo, genial, sublime.» (Parerga, I, 394). Compárense los *socráticos* y su persecución de la felicidad.

199

Es una hermosa verdad el que todas las cosas están en función de lo mejor para aquel que ha hecho del ser mejor o del conocer objetivos de su vida. Ahora bien, es ésta una verdad relativa: ¡un aspirante al conocimiento obligado al trabajo más agotador, un hombre en camino de perfección extenuado y trastornado por las enfermedades! En conjunto cabe decir que la aparente intencionalidad del destino es el hecho del individuo que ordena su vida y aprende de todo, succionando el conocimiento como la abeja la miel. Pero el destino que alcanza a un pueblo, alcanza a una totalidad que no puede reflexionar de este modo sobre su existencia ni dotarla de objetivos; así, la intencionalidad en los pueblos es un fraude de cabezas cavilosas; nada es más fácil de demostrar que la no intencionalidad, por ejemplo en el hecho de que de pronto, en plena floración, cae una nevada y todo muere. Existe allí tanta estupidez como en la naturaleza. Hasta cierto punto cada pueblo, aun en las circustancias más desfavorables, realiza algo que recuerda su capacidad. No obstante, para poder realizar *lo mejor* de sí mismo, es preciso que no se den ciertos accidentes. Los griegos no realizaron lo mejor de sí mismos. Los mismos atenienses hubieran alcanzado un nivel superior sin el furor polítitco aparecido a raíz de las guerras contra los persas. Piénsese en Esquilo, anterior a las guerras persas, que estaba descontento de los atenienses de su tiempo.

Dado lo desfavorable de la situación de las ciudades griegas después de las guerras contra los persas, quedaron eliminadas muchas circunstancias favorables para el nacimiento y el desarrollo de grandes individualidades. De este modo la producción del genio depende del destino de los pueblos, ya que los puntos de partida del genio son muy frecuentes, pero rarísimas veces coinciden todas las condiciones necesarias.

Tal como yo la sueño, esta reforma de los helenos daría lugar a un maravilloso campo para la producción de genios: nunca jamás hubo otro igual. Sería cuestión de describir esto. Hemos perdido aquí algo indecible.

La superior naturaleza *moral* de los helenos se muestra en su totalidad y en su simplicidad; por el hecho de mostrarnos al hombre *simplificado* nos alegran como la visión de los animales.

Los filósofos aspiran a *comprender* lo que sus contemporáneos se limitan a vivir. Al mismo tiempo que se interpretan su existencia y comprenden los riesgos de la misma, descubren a su pueblo el sentido de su existencia.

El filósofo se propone establecer una *nueva imagen del mundo* en lugar de la *popular*.

La ciencia [2] investiga el curso de la naturaleza, pero nunca puede dar una orden al hombre. Inclinación, amor, placer,

---

[2] La ciencia no es suficiente. El hombre actúa de acuerdo con una escala de valores. También la fisolofía tiene que ser axiológica. Por sí misma puede crear valores nuevos.

displacer, elevación, agotamiento —la ciencia no conoce nada de esto—. El hombre tiene que *interpretar* de alguna manera sus vivencias y sus experiencias y de este modo valorarlas. La fuerza de las religiones está en que sirven de *pauta,* en que son escalas de medida. Desde la perspectiva del mito, un acontecimiento presenta una imagen diferente. La interpretación de las religiones implica la medida de la vida humana de acuerdo con ideales humanos.

Esquilo vivió y luchó en vano: llegó demasiado tarde. Esta es la tragedia de la historia griega: los *más grandes,* Demóstenes, por ejemplo, llegan demasiado tarde para levantar al pueblo.

Esquilo garantiza una cumbre del espíritu griego que desaparece con él.

Admítase ahora el evangelio de la tortuga —los griegos, ¡ay!, corrían demasiado—. En la historia no busco los tiempos felices, sino los que ofrecen un terreno propicio para la *producción* del genio. Lo que entonces encuentro es la época anterior a las guerras contra los persas. No se puede conocerla con la suficiente exactitud.

Algunos hombres viven una vida dramática, otros la viven épica y otros viven una vida confusa y sin arte. Debido a las guerras contra los persas la historia griega tiene un *daemon ex machina.*

Ensayo de una cultura popular.

Dilapidación del *espíritu* y de la *sangre* griegos más preciados. En este punto hay que señalar cómo los hombres deben aprender a vivir *más sensatamente.* En Grecia los tiranos del espíritu fueron casi siempre asesinados y sólo tuvieron una descendencia escasa. (Cfr. *Humano, demasiado humano,* íbd.). Otras épocas reflejaron su fuerza en el hecho de pensar hasta el final y en el hecho de perseguir todas las posibilidades de una gran idea: las épocas cristianas, por ejemplo. Ahora bien, entre los griegos resultaba muy difícil alcanzar esta superioridad de fuerzas; entre ellos todo estaba en hostilidad recíproca. Hasta ahora únicamente se ha *demostrado* la cultura urbana —todavía vivimos de ella—.

Cultura urbana.
Cultura universal.
Cultura popular: qué débil entre los griegos, propiamente
sólo la cultura urbana ateniense, pálida.

1. Estos filósofos aislados para sí.
2. Después como testigos de lo helénico (sus filósofos, so-
bras del Hades del ser griego).
3. Después como adversarios de los peligros del helenismo.
4. Después, en el curso de la historia griega, como reformadores frustrados.
5. Finalmente, frente a Sócrates, las sectas y la *vita contemplativa*, como intentos de alcanzar una *forma de vida* no
lograda *todavía*.

(Kröner, X, pp. 216-232.)

RETORICA Y LENGUAJE

Las notas del presente texto, realizadas por Philippe Lacoue-Labarte y Jean-Luc Nancy, se publicaron en el núm. 5 de la revista *Poétique*, y se reproducen aquí por autorización expresa de Editions du Seuil, de París.

I

CURSO DE RETORICA

1. Concepto de retórica

El extraordinario desarrollo de la retórica constituye una de las diferencias específicas entre los antiguos y los modernos. En la Edad Moderna este arte es objeto de un desprecio general * y cuando nuestros modernos lo utilizan, a lo más que llegan es al diletantismo y al empirismo burdo. En general, el sentimiento de lo *verdadero* está mucho más desarrollado, en tanto que la retórica hunde sus raíces en un pueblo que todavía vive en imágenes míticas y desconoce la necesidad absoluta de fe histórica, que prefiere la persuasión a la enseñanza, aparte de que la *falta de recursos* (Nothdurft) en que se encuentra el hombre en la elocuencia forense debe dar lugar al arte liberal. Se trata de un arte esencialmente *republicano:* hay que haberse habituado a tolerar las opiniones y puntos de vista más extraños e incluso a sentir un cierto placer en la contradicción; hay que escuchar con la misma satisfacción con que se habla y, en cuanto oyente, hay que estar en condiciones

---

* Locke manifiesta esta repugnancia en términos extremos (*Ensayo sobre el entendimiento humano,* III, 10, 34): "...es preciso reconocer... que el arte de la retórica, todas estas aplicaciones artificiales y figuradas que se hace de las palabras, de acuerdo con las reglas inventadas por la Elocuencia, no sirven más que para insinuar en el espíritu ideas falsas, excitar las pasiones y, en consecuencia, seducir el juicio, hasta el punto de encontrarnos ante verdaderas supercherías [1]."

[1] Locke, *Essai philosophique concernant l'entendement humain,* trad. Pierre Coste, éd. Henri Schelte, Amsterdam, ed. revisada, 1723.

de apreciar poco más o menos el arte en cuestión. La formación del hombre antiguo culmina habitualmente en la retórica: se trata de la más alta actividad intelectual del hombre político perfecto: ¡he aquí una idea que nos resulta absolutamente extraña! Dice Kant expresándose con total claridad *(Crítica de la facultad de juzgar):*

> "Las artes de la palabra son la elocuencia y la poesía. La elocuencia es el arte de realizar una tarea del entendimiento como si se tratara de un libre juego de la imaginación; la poesía es el arte de conducir un libre juego de la imaginación como una actividad del entendimiento. Así, el orador anuncia una tarea y la realiza, a fin de divertir a los oyentes, como si se tratase simplemente de jugar con las ideas. El poeta no anuncia sino un juego divertido con ideas, pero son tantas las cosas que de ese juego resultan para el entendimiento que da la impresión de no haber tenido más intención que la de realizar la tarea de éste" [2].

Esta es la característica específica de la vida helénica: las tareas todas del entendimiento, de la seriedad de la vida, de la necesidad e incluso del peligro deben aceptarse como un juego. Durante mucho tiempo los romanos fueron naturalistas en retórica, comparativamente secos y rudos. Ahora bien, la dignidad aristocrática del hombre de Estado romano y su múltiple actividad jurídica son ya un indicio: en general sus grandes oradores eran poderosos hombres de partido, en tanto que los oradores griegos hablaban en nombre de los partidos. La conciencia de la dignidad individual es romana, no griega. Las siguientes palabras de Schopenhauer *(El mundo como voluntad y representación)* se adaptan mejor a la concepción romana de la retórica:

> "La elocuencia es la facultad de hacer compartir a los demás nuestras opiniones y nuestra manera de pensar las cosas, de comunicarles nuestros propios sentimientos, en

---

[2] Kant, *Critique de la faculté de juger,* Parte 1.ª, sección 1.ª, 1, II, 51: De la división de las Bellas Artes; trad. Philonenko, Vrin, 1965, p. 149-150.

una palabra, de hacerles simpatizar con nosotros. Por nuestra parte, debemos llegar a este resultado haciendo penetrar por la palabra nuestros pensamientos en su cerebro, con tal fuerza que los suyos se desvíen de su dirección primitiva para seguir los nuestros que los arrastrarán en su flujo. El logro será tanto mayor cuanto mayor sea la divergencia entre la dirección natural de sus ideas y la de las nuestras"[3].

Schopenhauer acentúa la importancia primordial de la personalidad individual en el sentido romano, en tanto que Kant insiste en el libre juego desplegado en las tareas del entendimiento en el sentido griego.

Pero, en general, los modernos son imprecisos en sus definiciones, mientras que en la Antigüedad se rivalizaba incesantemente —sobre todo los filósofos y los oradores— por lograr una definición correcta de la retórica. Véase la exposición cronológica de Spengel (*Musée rhénan*[4], 18) y de Richard Volkmann (*Rhétorique*[5], Berlín, 1872). Los que se contentaban con

---

[3] Schopenhauer, *Le monde comme volonté et comme représentation*, suplementos: suplemento al libro I, 2.ª parte, cap. XII, trad. Burdeau, revisada por Roos, P.U.F., 1966, p. 802.

[4] Se trata del *Rheinische Museum für klassische Philologie*, publicación periódica a la sazón en Frankfurt del Main. De 1867 a 1870, Nietzsche compuso el volumen-índice de los números 1-24 (serie 1842-1869). Aquí publicó sus estudios filológicos fundamentales entre 1867 y 1873. El artículo citado de Spengel es *Sobre la definición y la división de la retórica*.

Leonhard Spengel (1803-1880), autor de una *Synagōgḕ technōn sive artium scriptores ab initiis usque ad editos Aristotelis de rhetorica libros*, Stuttgart, 1828, selección de los oradores griegos y de dos libros sobre la retórica de Aristóteles.

[5] Su libro es una especie de manual que, a su vez, se basa en otros trabajos de filología y en las ediciones de los oradores griegos debidas a Walz (*Rhetores Graeci*, Stuttgart, 1832-1836, 9 vols.), y a Spengel. En la parte publicada del curso, Nietzsche sigue la introducción y la tercera parte de la obra, a la que debe el plan varios títulos de capítulos, la mayor parte de los ejemplos, y, finalmente, a lo largo del texto, párrafos enteros o frases insertas en una exposición más rápida. Se parte de ella en la introducción (sobre los griegos y el lenguaje), sobre el origen retórico del lenguaje (cfr. Gerber, nota 38) y en varias reflexiones sobre el arte y el lenguaje, debidas también a Gerber. Al fin de su curso desecha, en los §§ 12-16, los contenidos

una definición poco rigurosa eran los que menos interés tenían por determinar el *télos,* el *officium* (a) del orador. Resultaba difícil incluir en el *horismós* (b) el *peíthein,* el *dicendo persuadere* (c), ya que el efecto (Wirkung) no es la esencia de la cosa en cuestión, y, además, en los mejores discursos, a veces la persuasión falla. Según los sicilianos Corax y Tisias [6], *rētorikḗ esti peithoûs dēmiourgós* (d); para los dorios la palabra *dēmiourgós* tiene un sentido más elevado que para los jonios y define la retórica como "creadora" y "dueña" de la persuasión; en los Estados dorios esta es la denominación que reciben los individuos investidos de la más alta autoridad (en Jonia la palabra no significa más que "fabricantes"). La misma definición aparece en Gorgias [7] y en Isócrates [8] quien, más prosaicamente, la transcribe por *peithoûs epistḗmē* (e).

Platón la odia cordialmente. Tras definirla como un artificio —*empeiría cháritós tinos kai hēdonês apergasías* (f)—, la sitúa al mismo nivel subalterno que el arte culinario —*opsopoiïkḗ*—, el arte de adornarse —*kommōtikḗ*— y la sofística

---

de las partes 1, 2, 4 y 5 de Wolkmann: el análisis técnico detallado de los tres géneros oratorios y de las condiciones de su desarrollo, es decir, en cuanto a la cantidad, las dos terceras partes del libro (cfr., por ejemplo, nota 67).

(a) *télos* puede traducirse por "fin propio"; *officium,* según el uso que hace Cicerón de este término a propósito de la oratoria (*De Oratore,* I, 138; *Brutus,* 197, por ejemplo) puede pasar como traducción de *télos* con el significado de "deber ligado a una función".

(b) *peíthein:* persuadir; *dicendo persuadere,* persuadir por el discurso.

(c) Límite, de ahí: definición.

[6] Tradicionalmente son los fundadores de la retórica en Siracusa, ca. 460 a. C., en la época de los procesos subsiguientes a la caída de la tiranía. Tisias, discípulo de Corax, fue maestro de Lisias y de Isócrates y autor de un tratado hoy perdido.

(d) "La retórica es dueña de la persuasión". Nietzsche explica las acepciones de *dēmiourgós,* que los traductores de Platón habitualmente vierten en *demiurgo.*

[7] Platón, *Gorgias,* 453a, es, entre otras, la fuente de la atribución.

[8] Según Sexto Empírico, *Adversus mathematicos,* II, 62, 301.

(e) A la vez *estudio y conocimiento* de la persuasión; Quintiliano (II, 15) lo traduce por *scientia,* pero no significa "ciencia" en sentido moderno ni tampoco platónico.

(f) "El conocimiento práctico de la producción de un cierto género de atractivo y de placer" (*Gorgias,* 462 c).

de la *kolakeía* (g) (*Georgias,* 463 b). De todos modos hay indicios de una concepción distinta de la retórica (v. Rudolf Hirzel, *Sur la rhetórique et sa signification chez Platon*[9]. Leipzig, 1871). En *Fedro,* 239 e s.[10] se exige al orador que, apoyándose en la dialéctica, adquiera conceptos claros sobre las cosas a fin de poderlos introducir con entero conocimiento en la exposición. Debe mantenerse en el ámbito de la verdad para dominar también lo verosímil y apresar a sus oyentes con el lazo de la ilusión. Más adelante se le exige saber excitar la pasión de sus oyentes para así dominarlos. Esto requiere un conocimiento exacto del alma humana y del efecto que los diversos tipos de discurso producen sobre la sensibilidad. En consecuencia, la formación (Bildung) de un verdadero *arte* de la oratoria presupone una preparación (Vorbildung) muy amplia y profunda; el hecho de que la misión del orador consista en persuadir a sus oyentes apoyándose en lo verosímil no modifica en nada estos presupuestos. Por otra parte, en 273 e, Sócrates afirma que "quien haya alcanzado esta cima del saber no se contentará con tareas subalternas: en este caso el objetivo supremo consiste en hacer compartir a los demás el saber adquirido"[11]. Por tanto, el que sabe puede ser tanto *rētorikós* como *didaktikós* (a). Ahora bien, el segundo objetivo es mucho más elevado. Sin embargo, no hay que excluir radicalmente el uso de la retórica, pero sin convertirla en un oficio, en una profesión. En el *Político,* 304 d, separa la *didaché* de la retórica, y asigna a esta última la misión de persuadir al *plêthos* y *óchlos dià mythologías* (b). Así, Platón presenta al

---

(g) Halago.

[9] Todo lo concerniente a Platón procede, en este caso —en ocasiones la copia es directa— de la tesis de habilitación. Es interesante señalar que la misma concluye con la idea de que, en Sócrates, Platón nos ha propuesto, con la imagen ideal del filósofo, la del retórico.

[10] *Fedro,* 259 s. (se trata indudablemente de un error en la lectura del manuscrito).

[11] Sin embargo, no es aquí donde Sócrates señala como fin la transmisión del saber (no habla más que de agradar a los dioses). Cfr. más bien 276 e, 278 a, etc.

(a) Retórico-docente.

(b) Texto: ¿a qué ciencia atribuiremos la virtud de persuadir a las masas *(plêthos)* y a las multitudes *(óchlos)* por mitologías *(dià mythologías),* en lugar de instruirlas *(mè dià didachês)?*

9

verdadero filósofo Sócrates enseñando tanto científicamente como de un modo popular-retórico. La parte *mítica* de los diálogos es su lado retórico: el contenido del mito es lo verosímil y, por tanto, su misión no es la de enseñar, sino la de suscitar en los oyentes una *dóxa* (c), es decir, la de *peíthein*. Los mitos pertenecen a la *pankálē paidía* [12] (d): al igual que las escritas, las composiciones retóricas únicamente están destinadas al atractivo. Se acude al mito y a la retórica cuando la escasez de tiempo impide una enseñanza científica. Citar testigos es un procedimiento [Kunstgriff] retórico; así los mitos platónicos son introducidos llamando a testigos. Interesa mucho señalar que en *República,* 376 e [13], Platón distingue dos tipos de discursos: los que encierran la verdad y los que mienten; los mitos sustituyen a los segundos. Platón los considera justificados; a Homero y a Hesíodo no les acusa de haber mentido, sino de no haberlo hecho correctamente. Asimismo en 389 b afirma resueltamente que, en ciertos casos, la mentira puede ser útil y que los gobernantes deben estar en condiciones de utilizarla para el bien de los ciudadanos. De este modo en 414 b introduce todo un mito para grabar una cierta idea en el alma de sus contemporáneos, y entonces no tiene ningún inconveniente en acudir a la mentira. En su polémica contra la retórica, Platón denuncia primero los fines perniciosos de la retórica popular y, en segundo lugar, la preparación burda, insuficiente y no-filosófica de los retóricos. Sólo le concede algún valor cuando se apoya en una cultura filosófica, cuando persigue un fin justo, esto es, los fines de la filosofía.

Unicamente disponemos de *dos* obras antiguas sobre la retórica; todas las demás aparecieron varios siglos después. La primera, la *Rhetorica ad Alexandrum,* no tiene nada que ver con Aristóteles; es obra de Anaxímenes [14] (v. Spengel,

---

(c) A la vez: apariencia y opinión.

[12] *Fedro,* 276 e.

[13] Concretamente, 376 e-378 e. También infra (414 b): concretamente 414 b-415 a, donde se trata del mito hipotéticamente "fenicio" de los metales más o menos preciosos que entran en la composición de las castas sociales.

(d) Juego bello o divertimiento noble.

[14] Anaxímenes de Lampsaco, retórico del siglo IV a. C. La atribución de la *Retórica a Alejandro* fue objeto de largos debates. Spengel

Philolog., 18). Su finalidad es absolutamente práctica, carece totalmente de valor filosófico y, básicamente, sigue a Isócrates. No se define la retórica y no aparece ni una sola vez la palabra *rētorikḗ.*

Por el contrario, la *Retórica* de Aristóteles es puramente filosófica y ejercerá una influencia decisiva en todas las determinaciones ulteriores del concepto. *Rētorikḗ dýnamis perì hékaston toû theōrȇsai tò endechómenon pithanón* (a), "todo lo que es posible en relación con lo verosímil y lo persuasivo" (Aristóteles, *Retórica*[15], I, 2). Así, pues, no es *epistḗmē* ni *téchnē* (b), sino una *dúnamis* (c) que, sin embargo, podría alcanzar el rango de *téchnē.* No es el *peíthein,* sino lo que se puede alegar en favor de una causa: como el médico que atiende a un incurable. El orador podrá defender una causa dudosa. En adelante todas las definiciones se atendrán rigurosamente a este *katà tò endechómenon peíthein* (d) (frente a la definición siciliana). Muy importante, el universal *perì hékaston* (e) que puede utilizarse en todas las disciplinas. Un arte puramente formal. Finalmente, importancia del *theōrȇsai* (f): en este punto se ha pretendido reprochar a Aristóteles que únicamente admite la *inventio* y no la *elocutio,* la *dispositio,* la *memoria,* la *pronuntiatio.* Ahora bien, sin duda ninguna para Aristóteles la exposición [Vortrag[16]], en cuanto

---

la fijó: *Anaximenis ars rethorica quae vulgo fertur Aristotelis ad Alexandrum,* Zurich, 1844.

Philolog. 18: núm. de *Philologus, Zeitschrift für klassisches Altertum.*

(a) La retórica es la facultad de descubrir especulativamente lo más indicado para persuadir en cada caso concreto (según traducción de Dufour, Belles-Lettres, 1960).

[15] Nietzsche añade aquí lo *verosímil,* que aparece un poco más arriba en Aristóteles (I, 1), en un primer esbozo de la definición.

(b) "Arte" en el sentido clásico del término.

(c) "Facultad" en una traducción ligeramente libre, "potencia" si se piensa en el par aristotélico potencia/acto. Más adelante Nietzsche traducirá esta idea por la de *fuerza* (Kraft).

(d) Persuadir según lo conveniente.

(e) En cada caso.

(f) Considerar teóricamente.

[16] *Vortrag* significa conferencia, es decir, el hecho mismo de *pronunciar* un discurso. Traduce el latín *pronuntiatio* o el griego *hypókrisis.*

tal del discurso, no tiene carácter esencial, sino que es un simple accidente, pues piensa también en la retórica de los libros (del mismo modo que piensa en el efecto del drama independientemente de su representación, razón por la cual prescinde, en su definición, de la aparición sensible sobre la escena). Basta analizar *tò endechómenon pithanón* para caer en la cuenta de que la necesidad de exponer del modo que sea lo que allí se reconoce está ya en *pithanón,* de forma que hasta los procedimientos de la *pronuntiatio dependen* necesariamente de tal *pithanón.* Lo único que no es necesario es, justamente, el *légein* (g).

Después, vienen siglos enteros de encarnizados combates doctrinales entre las escuelas retóricas y filosóficas. Para los estoicos la retórica es (Diógenes Laercio, VII, 42): *tḗn te rētorikḗn epistḗmēn oûsan toû eû légein perì tôn en diexódōi· lógōn kaì tḕn dialektikḕn toû orthôs dialégesthai perì tôn en erōtḗsei kaì apokrísei lógōn* (h). Es importante señalar la afinidad entre retórica y dialéctica: una especie de erística [17] ampliada, aunque sea éste un concepto excesivamente estrecho. Aristóteles (*Tópicos,* I, 12 [18]) dice que el tratamiento filosófico de una cosa está en función de la verdad y el dialéctico en función de la apariencia o del resultado, de la opinión, de la *dóxa* ajena. Lo mismo se podría decir de la retórica. Ambas se resumirían en el siguiente concepto: *el arte de la exactitud en el discurso y en el diálogo: eû légein* (i). Esto se opondría a la definición aristotélica: la dialéctica aparece como un subtítulo de la retórica.

A partir de esta época existe una preocupación general por encontrar una definición que permita reconocer las divisiones de la elocuencia, pues se reprochaba a Aristóteles no haber señalado más que la *inventio.* Para Quintiliano [19] (II, 15, 37)

(g) Decir.

(h) "La retórica es la ciencia de hablar bien en las exposiciones continuas y la dialéctica la de discutir correctamente en las exposiciones realizadas mediante preguntas y respuestas."

[17] *Erística:* arte de la controversia.

[18] I, 14 en la ed. Teubner de 1923 (105 b, 30, según la numeración de la ed. Bekker de 1831).

(i) El bien decir, la expresión afortunada y exacta.

[19] Adviértase que las referencias a Quintiliano se cifran en su *Institución oratoria* (finales del siglo I). Contexto de la cita siguiente:

la *inventio* y la *elocutio* son los factores más importantes: *qui recte sentire et dicere rhetorices putaverunt (orthôs gnônai kaì hermēneûsai).* (a). Rufo [20] añade la *dispositio (táxis): epistēmē toû kalô kaì peistikô diadésthai tòn lógon* (b) Teodoro de Gadara, apud Quintiliano [21] (II, 15, 21) señala cuatro partes: *ars inventrix et indicatrix et nuntiatrix decente ornatu* (en griego: *téchnē heuretikè kaì kritikè kaì hermēneutikè metà prépontos kósmou* (c). Finalmente, cinco (Quintiliano, V, 10, 54): *id aut universum verbis complectimur ut rhetorice est bene dicendi scientia, aut per partes ut rhetorice est recte inveniendi et disponendi et eloquendi cum firma memoria et cum dignitate actionis scientia* (d). Obsérvese la paráfrasis a que fue sometido el *eû légein* de los estoicos. Muy pronto, en vez del *perì hékaston* de Aristóteles (la innovación parece proceder de Hermágoras [22], que ejerció una influencia considerable y fue ligeramente anterior a Cicerón) aparece *en polititikôi prágmati* (e), que excluye tanto las investigaciones filosóficas como las relativas a las ciencias particulares. Están comprendidos los conceptos, innatos a todos los hombres, de lo bueno, lo justo y lo bello; son conceptos que no necesitan ser objeto de una enseñanza específica: *koinaì énnoiai* (f), en oposición a un estudio o a una actividad especializada. El *Protágoras* de

---

"hay que aprobar a los que... piensan que la retórica consiste en pensar y hablar bien". Las palabras griegas no aparecen en Quintiliano.

(a) "Los que creyeron que la retórica consiste en pensar y en hablar bien." Entre paréntesis, en griego: "pensar y expresar bien".

[20] Rufo el retórico, siglo I.

(b) Saber disponer el discurso de un modo bello y persuasivo.

[21] Quintiliano sigue una traducción del griego. Teodoro de Gadara, retórico del siglo I, maestro de retórica de Tiberio.

(c) El arte de inventar, de juzgar y de pronunciar con el ornato conveniente.

(d) O bien, para resumirlo en una definición, decimos que la retórica es la ciencia del bien decir, o bien, distinguiendo sus partes, que la retórica es la ciencia de la invención, de la disposición y de la elocución correctas, acompañadas de la seguridad de la memoria y de la nobleza de la actitud.

[22] Hermágoras "el viejo" o de Temmos ("el joven" es posterior a Teodoro de Gadara), retórico del siglo II a. C. Cicerón fue discípulo suyo.

(e) En cuestiones políticas.

(f) Nociones comunes.

Platón explica lo que se entendía por *aretè politiké* (g) de un hombre.

A las dos obras didácticas griegas de Anaxímenes y de Aristóteles, suceden las adaptaciones latinas de la retórica: *Auctor ad Herennium* y ciertos textos de Cicerón. Hoy se cree que el primero fue Cornificio: en realidad no concierne más que a la época de Sila [...] El *De inventione* (II libros) de Cicerón es un trabajo de juventud en que se siguen plenamente las fuentes griegas; aun cuando lo utiliza muchísimo, en este caso Cicerón es inferior al *Auctor ad Herennium*. Cicerón considera muy importantes, por su forma y contenido, los libros que escribió a una edad más avanzada (698): el *De oratore,* cuyos personajes principales, Craso y Antonio, se limitan a exponer las convicciones del autor, que denuncia la trivialidad de los libros didácticos usuales (entre los cuales estaba, por ejemplo, el *Auctor ad Herennium*). A través de Antonio nos enseña las técnicas de elaboración de sus discursos, mientras que a través de Craso esboza la imagen más alta del orador filosófico (algo así como la imagen ideal de Platón). No obstante no llega hasta el fondo de la oposición existente entre el verdadero filósofo y el orador; comparado con Aristóteles, su libro es burdo y carece de interés. El *Brutus* es una *synagōgè Rōmaiōn rētórōn* (h), una caracterización inestimable de los más famosos oradores romanos. El *Orator* no aborda más que una parte de la retórica: para Cicerón el *perfectur orator* está en la *elocutio.* El *Tópico,* escrito de circunstancias dedicado a Trebacio, no logra su objetivo de ser un tópico [24].

[Siguen referencias literarias.]

(g) Virtud política.

[23] *Ad Herennium* o *Retórica a Herennio,* publicada al frente de las obras de Cicerón, posteriormente atribuida (sobre todo a partir de C. L. Kayser, 1854) a un Cornificio mal identificado (cfr. Quintiliano, V, 10, IX, 2, etc.). Ca. 85 a. C.

(h) "Compilación de oradores romanos".

[24] *De la invención,* escrito a los 22 años (84 a. C.); *Del orador,* escrito el 56 a. C. (698 de la fundación de Roma; hoy se prefiere 55 a. C.). Los Antonio y Craso de este diálogo son oradores de finales del siglo II a. C. *Bruto,* escrito el año 46 a. C. *El orador,* el mismo año. *Tópico,* escrito el año 44 a. C.: pretende ser un resumen de la obra homónima de Aristóteles, pero desborda con mucho el tópico de los

2. Divisiones de la retórica y de la elocuencia

Con anterioridada a Isócrates, las *téchnai*[25] más antiguas no contenían más que instruciones relativas a la composición de defensas judiciales. Isócrates critica esta reducción a la elocuencia *forense* (en el discurso XIII, 19[26]) y añade la elocuencia deliberativa. Anaxímenes sólo conoció estos dos géneros. Aristóteles incluyó el *genus demonstrativum, epideikti kón* (a) además del *deliberativum* y del *judiciale*. Por tanto, según la *materia,* la elocuencia se divide en tres *genera caussarum: genus dikanikón* (b), *symsouleutikón* (c), *epideitikón* (llamado también *panēgurikón* y *enkomiastikón*). El forense pretende acusar o defender, el deliberativo intenta incitar en una dirección o disuadir de una cosa, la función del epidíctico es el elogio o la censura.

Enorme polémica contra esta división: con la introducción de las Suasorias y de las Controversias[27], hubo dos géneros de elocuencia. En realidad, *génos pragmatikón in negotiis,* y *génos epideitikón in ostentatione positum* (d). Para los dos,

---

"lugares" para desplazarse hacia una retórica. Trebacio: célebre jurisconsulto al que el *Tópico* va dedicado. Nietzsche no cita las *Divisiones oratorias* que cita Volkmann, ni tampoco *Del mejor género de oradores.*

[25] Esta palabra equivalía absolutamente a *téchné rètorikē:* tratado (arte) de retórica.

Hoy se duda de la existencia de un tratado de Isócrates, afirmada por Spengel entre otros. (Cfr. Isócrates, *Discours,* ed. Belles-Lettres, vol. IV.)

[26] En la edición de Wolf de 1570, el discurso XIII es *Contra los sofistas.* La referencia exacta es 19-20.

(a) "Demostrativo", después con el sentido de "demostración gratuita", en la retórica: "de ostentación". Los dos equivalentes citados más abajo se refieren al elogio público pronunciado durante una fiesta.

(b) Forense.

(c) Deliberativo.

[27] Géneros de discursos escolares. Los primeros consistían en exhortar a tomar partido a un personaje histórico o mítico (cfr. Quintiliano, II, 2); los segundos en debatir una cuestión (id.). Los primeros ponen de relieve el género deliberativo; los segundos el forense. Tácito, *Diálogo de los oradores,* XXXV, los presenta como los dos grandes tomos de ejercicio de las escuelas de retórica.

(d) "Género pragmático en los asuntos" y "género epidíctico destinado a la ostentación".

cuatro subgéneros: *eîdos dikanikón* (controversias reales o ficticias), *génos symsouleutikón*. Suasorias reales en las asambleas o en presencia del pueblo para manifestar una opinión, o bien Suasorias de imitación, discursos de elogio y de censura, *génos enkomiastikón* (con las *invectivae*) y *génos enteutikón* (e), discursos de circunstancias, especialmente los de recepción y despedida. Otros señalaban como cuarto *genus* el *historikón*: propiamente hablando, la versión retórica de la historia, tal como fue introducida por la escuela de Isócrates, sobre todo por Teopompo [28]. Siguiendo esta línea algunos llegaron a señalar hasta treinta especies (división del conjunto de la prosa de acuerdo con un deseo de composición artística).

Los filósofos establecieron la división *thésis* e *hypóthesis* (f). La primera considera el objeto del discurso [die Sache] en cuanto tal y de un modo absolutamente general; la segunda tal como se manifiesta en las circunstancias dadas. La determinación de lo general corresponde a la filosofía; de lo especial se encarga la retórica. Los filósofos han subordinado los tres *genera* a la *hypóthesis*. Unicamente los estoicos clasificaron el *demonstrativum* dentro de la *thésis,* ya que, siendo el más extraño a la práctica común, exige el máximo esfuerzo.

Los estoicos proponen la división siguiente [29]:

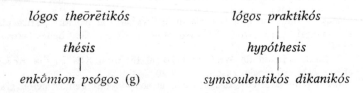

lógos theōrētikós	*lógos praktikós*
|	|
thésis	*hypóthesis*
|	|
enkōmion psógos (g)	*symsouleutikós dikanikós*

(e) Literalmente: "que concierne al encuentro".

[28] Discípulo directo de Isócrates, siglo v a. C. Historiador y retórico solemne.

(f) "Tesis" e "hipótesis".

[29] En el esquema siguiente y en la división tripartita posterior Nietzsche resume y simplifica todo un debate analizado por Volkmann en relación con los retóricos inspirados por el estoicismo medio e inferior. Las fuentes son Hermágoras (nota 22), Sexto Empírico, *Adversus rethoricos,* 6; Séneca, *Cartas,* 89, y, sobre todo, Sulpicio Victor (nota 30).

(g) *Psógos:* censura; *enkōmion* en este caso sólo significa: elogio.

136

Estas son las especies del discurso En cada una de ellas el orador debe realizar *cinco* funciones:

1. Descubrimiento, *incentio, heúresis.*
2. Disposición, *dispositio, táxis.*
3. Expresión, *elocutio, léxis.*
4. Memoria, *memoria, mnēmē.*
5. Exposición [Vortrag], *pronuntiatio* o *actio, hypókrisis* (a).

Esta verdad no logró imponerse de un modo general más que lenta y progresivamente: en cualquier caso sólo *después de* Anaxímenes y de Aristóteles. En ellos faltan la *hypókrisis* y la *mnēmē* (en Aristóteles, como consecuencia lógica de su admisión del discurso escrito como discurso tipo). Pero antes que nada era preciso superar la división *estoica: nóēsis, heúresis, diáthesis, intellectio, inventio, dispositio; etenim cussa proposito primum intelligere debemus, cujus modi caussa sit, deinde invenire quae apta sint caussae, tum inventa recte et cum ratione disponere* [30] (b). Se discute si nos encontramos ante *erga toû rétoros* o ante *erga tēs rētorikês* (c) (Quintiliano, III, 3, 11). He aquí la explicación de la *nóēsis: intelligendum primo loco est, thesis sit an hypothesis; cum hypothesin esse intellexerimus i.e. controversiam, intelligendum erit an consistat; tum ex qua specie sit; deinde ex quo modo; deinde cujus status; postremo cujus figurae* (d). A la *heúresis* pertenecen el *enthúmèma* (e) y el *paradeigma* (f). A las *diáthesis* pertenecen

---

(a) A partir del primer sentido de *respuesta,* designa la *réplica* del actor, después la *declamación* en general.

[30] Este texto y el siguiente son de Sulpicio Victor, retórico del siglo I, en sus *Institutiones oratoriae.*

(b) "En efecto, primero debemos comprender el contenido de la causa, a qué género pertenece; después descubrir lo que se adapta a la causa; finalmente disponer correcta y racionalmente lo encontrado."

(c) "Obras del orador" u "obras de la retórica".

(d) "En primer lugar hay que ver si es tesis o una hipótesis; si vemos que se trata de una hipótesis, es decir, de una controversia, es preciso saber en qué consiste; después a qué especie pertenece; cuál es su modo; cuál su posición; finalmente cuál su figura."

(e) "Pensamiento", "idea". En este caso no se trata del *entimema* como silogismo probable.

(f) Ejemplo.

la *táxis* y la *oikonomía* (g). De todos modos la división más antigua parece ser la bipartita, por ejemplo en Isócrates: la invención o transformación antimemática de la materia dada y la exposición (Darstellung) de estos *enthumèmata* apropiados [31]. Es decir, la *inventio* y la *elocutio*. Dionisio de Halicarnaso, que tantas veces se acerca a Isócrates, propone la siguiente división doble: *léxis* y *prâxis* (h), forma y contenido (lo dado con mayor frecuencia). Al juzgar a los autores distingue el *pragmatikōs charactēr*, del *lektikós* y habla de *pragmatikaì* y de *lektikaì aretaì*. El *pragmatikós tópos* se divide en *paraskeuē* (i) (equivalente de la *heùresis*) y en *oikonomía* (en calidad de *chrêsis tôn pareskeuasménōn* (j); el *lektikòs tópos* se divide en *eklogē tôn onomáton* y *sýnthesis tôn eklegéntōn* (k). Por tanto, las *segundas divisiones* afectan a la ordenación (*oikonomía*) y composición (*sýnthesis*) del discurso y son las más importantes [32].

El dominio de las cinco partes del discurso se adquiere en tres modos: por *physis*, disposiciones naturales; por *téchnē* aprendizaje teórico y por *áskēsis* o *melétē* (a), ejercicio. Protágoras [33] fue el primero que estableció esta tríada, que aparece resumida al principio del *Pro Archia poeta: Si quid est in me ingenii, iudices, quod sentio quam sit exiguum, aut si qua exercitatio dicendi, in qua me non infitior meediocriter esse versatum, aut si huiusce rei ratio aliqua ob optimarum*

(g) Economía.

[31] Esta combinación de las ideas en vista de *Contra los sofistas,* 16. Ver también *Sobre el cambio,* 47; *Evágoras.* 10, etc.

(h) En Dionisio de Halicarnaso, esta palabra (y el adjetivo correspondiente) se pone a *léxis* (elocución) con el valor de asunto, cuestión tratada, contenido.

(i) Preparación.

(j) Uso de lo que se ha preparado.

(k) "Elección de las palabras" y "composición de las palabras escogidas".

[32] Dionisio de Halicarnaso, retórico e historiador del siglo I a. C. Los textos mencionados son, sobre todo: *Tratado sobre el orden de las palabras,* 1; *Retórica,* 4; *Juicio sobre Tucídides,* 24, 2; *Carta a Ameo,* 3.

(a) "Ejercicio" o "cuidado puesto en una cosa".

[33] Cfr. Diels-Kranz, *Fragmentos de los presocráticos,* B3 y B11 (este último, de Plutarco, publicado en el *Rheinische Museum,* número 27, en 1872).

artium studiis ac disciplina profecta, a qua ego nullum confi-
teor aetatis meae tempus abhorruisse, etc. (b).

3. Relación entre retórica y lenguaje

Calificamos de "retóricos" —siempre con un matiz peyora-
tivo— a un autor, un libro o un estilo cuando advertimos en
ellos un uso constante de los artificios [Kunstmittel] del discurso. Pensamos que nos encontramos ante algo no *natural,*
ante algo que nos produce la impresión de forzado. Sin embargo, en relación con el gusto de quien emite estos juicios,
interesa muchísimo saber en qué consiste justamente lo "natural" según él. En términos generales creemos que manejamos
la lengua de un modo burdamente empírico y que, por el contrario, toda la literatura antigua, incluida la romana, es algo
artístico y retórico. Esto se explica en última instancia por el
hecho de que, en la Antigüedad, la prosa propiamente dicha
era en parte un eco del *discurso* oral y se formaba según sus
leyes, en tanto que se impone absolutamente comprender nuestra prosa a partir de la *escritura* y nuestra estilística únicamente se da a conocer a través de la *lectura.* Ahora bien, el
lector y el oyente exigen cada uno una forma de exposición
[Darstellung] absolutamente distinta, razón por la cual la literatura antigua se nos antoja "retórica", es decir, dirigida fundamentalmente al oído para seducirlo. Extraordinario desarrollo del sentido rítmico en los griegos y en los romanos, para
quienes escuchar la palabra viva era ocasión de un formidable
ejercicio continuo. En este caso la situación es análogo a la
de la poesía: nosotros conocemos poetas "literarios", mientras
que los griegos conocían una poesía auténtica [wirklich] sin el
intermedio del libro. Somos mucho menos brillantes y más
abstractos.

En cualquier caso no es difícil probar que lo que se llama
"retórica", para designar los medios de un arte inconsciente,

_____

(b) "Si tengo, ¡oh jueces!, algún talento natural, cuyas limitaciones conozco perfectamente, o si tengo alguna práctica en la elocuencia, en la que no niego ser mediocre, o si en este asunto poseo
un conocimiento obtenido en la lectura y en la enseñanza de los mejores autores, a lo cual, debo confesarlo, ningún momento de mi
vida se ha resistido..." (Cicerón).

en el lenguaje y en su formación [Werden] e incluso que *la retórica es un perfeccionamiento* [Fortbildung] *de los artificios ya presentes en el lenguaje.* Se trata de algo que puede probarse a la clara luz del entendimiento. No existe en absoluto una "naturalidad" no retórica del lenguaje a la que acudir: el lenguaje en cuanto tal es el resultado de artes puramente retóricas. La fuerza [Kraft] que Aristóteles llama retórica, la que consiste en desenmarañar y hacer valer, para cada cosa, lo que es eficaz y produce impresión, es, al mismo tiempo, la esencia del lenguaje, el cual guarda la misma relación —mínima— que la retórica a lo verdadero, a la esencia de las cosas; no pretende instruir [belehren], sino transmitir a otro [auf Andere übertragen] una emoción y una aprehensión subjetivas. El hombre que conforma el lenguaje [der sprachbildende Mensch] no aprehende cosas o hechos, sino *excitaciones* [Reiz]: no devuelve sensaciones [Empfindung], sino simples copias [Abbildung] de las mismas. La sensación provocada por una excitación de los nervios, no alcanza a la cosa en cuanto tal: dicha sensación aparece al exterior a través de una imagen. De todos modos todavía queda por saber cómo una imagen sonora [Tonbild] puede traducir un acto del alma. Para que la restitución fuera absolutamente perfecta, ¿no deberían ser los materiales en que debe operarse los mismos que aquellos en que trabaja el alma? Pero, dado que se trata de un elemento extraño —el sonido—, ¿cómo podría producirse en estas condiciones algo más adecuado que una *imagen?* No son las cosas las que penetran en la conciencia, sino nuestra manera de relacionarnos con ellas, lo *pithanón.* La esencia total de las cosas no se aprehenden nunca. Nuestras expresiones verbales [Lautäusserung] no esperan jamás a que nuestra percepción y nuestra experiencia nos proporcionen sobre la cosa un conocimiento exhaustivo y hasta cierto punto respetable. Surgen en el momento mismo en que se siente la excitación. En lugar de la cosa, la sensación no aprehende más que un signo [Merkmal]. Es el *primer* punto de vista: *el lenguaje es la retórica* porque únicamente pretende transmitir una *dóxa,* no una *epistême.*

El procedimiento más importante de la retórica son los *tropos,* las designaciones impropias. Ahora bien, en sí mismas y desde el comienzo, en cuanto a su significación, todas las palabras son tropos. En lugar de lo auténticamente real instalan una masa sonora que se desvanece en el tiempo: el lenguaje no expresa nunca jamás una cosa en su integridad, sino que se limita a señalar un signo que le parece relevante. Cuando el retórico dice "velas" en vez de "barco", u "olas" en vez de "mar", nos encontramos ante una *sinécdoque,* ante una "co-implicación" [ein "Mitumfassen"]; y sin embargo se refiere a la misma cosa *drákōn* significando serpiente, es decir, literalmente, "lo que tiene la mirada brillante", que *serpens* designando la serpiente como algo que se arrastra; pero ¿por qué *serpens* no significa también caracol? Una visión parcial sustituye a la visión plena e integral. Con *anguis,* el latín designa a la serpiente en cuanto *constrictor* (a); los hebreos la llaman la silbante, la retorcida-sobre-sí-misma, la que engulle o la que se arrastra (b). La segunda forma de *tropus* es la *metáfora,* que no crea palabras nuevas, sino que desplaza la significación [um-deuten]. Por ejemplo, hablando de una montaña dice cabeza [Koppe], pie, lomo, garganta, flanco, vena; *prósōpon,* rostro, acompañado de *neŏs* (c): la proa; *cheílē,* los labios, acompañado de *potamôn* (d): las riberas; *glôssa,* la lengua, pero también la embocadura de una flauta; *mastós,* el seno, pero también la colina. La metáfora aparece igualmente en la designación del género, el *genus,* en el sentido gramatical, es un lujo de la lengua y una pura metáfora. Finalmente, transposición [Übertragung] del espacio al tiempo: "en casa" [zu Hause], "durante todo el año" [Jahraus] [34] y transposición del tiem-

---

(a) *Anguis* de *ango,* estrechar, ahogar; *constrictor,* el que estrecha, el que sofoca.

(b) Cfr. nota 35.

(c) De la nave.

(d) De los ríos.

[34] *Zu Hause:* El ejemplo no es muy claro; ¿pensaba Nietzsche en transposiciones tales como "todavía no estoy realmente a gusto [zu Hause]"? (Kröner). En realidad, el ejemplo no tiene más sentido que el dado por Gerber, con otros dos casos en que la misma preposición *zu* adquiere un valor temporal y después causal, en tanto que en el caso citado por Nietzsche tiene un valor especial. Nietzsche resume también el ejemplo siguiente para el cual Gerber cita la expresión usual "Jahraus-Jahrein": un año con otro, de año en año, donde *aus,* preposición espacial, tiene una connotación temporal. (Traducimos Jahraus según el sentido que, aisladamente, recibe esta expresión...)

po a la causalidad: *qua ex re, hinc, inde, hothen, eis tí* (e). La tercera figura es la *metonimia,* conmutación [Vertauschung] de la causa y del efecto; por ejemplo, cuando el retórico dice "sudor" por "trabajo", "lengua" [Zunge] por "palabra" [Sprache]. Decimos "el brebaje es amargo", en vez de decir "provoca en nosotros una sensación de tal tipo"; o bien "la piedra es dura" como si "duro" no fuera un juicio nuestro. "Las hojas son verdes". Es imputable a la metonimia la afinidad entre *leússō* y *lux, luceo* (a); entre *color* (cubierta) y *celare* (b); *mén,* mensis, mânôt (c), es lo "mesurante" designado según un efecto [35]. *In summa:* los tropos no son ocasionales respecto de las palabras, sino que constituyen su propia naturaleza. No se puede hablar en términos absolutos de una "significación propia" que no se transpondría más que en casos particulares.

En la medida èn que no hay diferencia entre las palabras propiamente dichas y los tropos, tampoco la hay entre el *discurso* normal y lo que se llama *figuras retóricas.* Rigurosamente hablando todo lo que se llama ordinariamente discurso es figuración. La lengua es creación individual de los artistas del lenguaje, pero lo que la fija es la elección decidida por el gusto de la mayoría. Este pequeño número habla *schémata* (d), es su *virtus* en relación con la mayoría. Si no consiguen imponerlos, se apela contra ellos al *usus* y se habla de barbarismos. Una figura que no encuentra destinatario es un error. Un error adoptado por cualquier *usus* se convierte en figura. El placer de las *asonancias* cuenta también entre los *rétores, tà ísa schémata* (e) (pensar en las *parisōseis* (f) de Geor-

_____

(e) Sucesiva y literalmente: *qua ex re,* fuera de esta cosa; *hinc, inde, hóthen,* de este lugar, o bien, de ahí; *eis tí,* hacia alguna cosa, en relación con, según.

(a) "Ver" y "luz", "brillar".

(b) Esconder, ocultar.

(c) *Mes* en griego, latín y sánscrito del sánscrito mâs, la luna, que tiene por efecto facilitar la medida del tiempo.

[35] Los ejemplos se encuentran en Gerber que remite a Bopp y a compiladores antiguos. "Mitumfassen" como traducción de sinécdoque es de Gerber que añade "Mitverstehen" (comprender con). En los ejemplos relativos al hebreo, Gerber reproduce, junto a la traducción alemana, las mismas palabras hebreas.

(d) Formas, figuras.

(e) Las figuras iguales.

(f) Asonancias, correspondencias sonoras.

gias [36]). No obstante la apreciación de una medida justa da lugar a vivas querellas: a uno le entusiasma lo que a otro le parece un error redhibitorio. Lutero condena por nuevas palabras, tales como "beherzigen" [tomar a pechos] y "erpriesslich" [provechoso] que, sin embargo, se han impuesto, lo mismo que "furchtlos" [intrépido] desde Simon Dach, "empfiidsam" [sentimental] desde la traducción de *circumspectio,* en 1794, o "Leidenschaft" [pasión], palabra utilizada por primera vez por Christian Wolf sobre el modelo de *pathos* [37]. Con todo, las formas de la enálage, de la hipálage y del pleonasmo, están ya presentes en la formación [Werden] de la lengua, de la frase; toda la gramática es producto de lo que se llama *figurae sermonis* *.

4. PUREZA, CLARIDAD Y CONVENIENCIA DE LA "ELOCUTIO"

En un pueblo dado, no se habla de "pureza" más que en los casos en que el sentido del lenguaje está muy desarollado, lo cual sucede fundamentalmente en una sociedad importante, entre personas cualificadas y cultas. En efecto, sólo entonces se distingue lo que tiene carácter de provinciano, de dialectal y de normal. Según esto, la "pureza" es, en términos positivos,

---

[36] Fue famoso por cultivar las asonancias: Cicerón, *Orador,* LII, y otros fragmentos.

[37] Simon Dach, poeta, 1605-1659; el *Viaje sentimental,* de Sterna, en que éste se presenta bajo el nombre de Yorik, como en otras obras; Christian Wolf, filósofo, discípulo de Leibniz y maestro de Kant.

* Véase una recensión en este sentido en Gustav Gerber: *Le langage comme art* (Bromberg, 1871 [38]).

[38] Cfr. nuestra presentación y nota 5. Nietzsche utiliza los dos primeros volúmenes (1871-1872) de este trabajo. No se trata de un manual como el del Volkmann, sino de un verdadero estudio de la naturaleza y de los procedimientos artísticos del lenguaje que recoge e interpreta las categorías de la retórica antigua (a la que hace referencia, sobre todo para las clasificaciones, los ejemplos, etc.) a partir de la idea, cuya versión romántica sobre todo conocía Nietzsche, del origen retórico y/o poético del lenguaje. La tesis enunciada en el título se apoya en una serie de autores: Herder, Humbold, Grimm, Bopp, Goethe, Jean Paul, Hegel, Schopenhauer, etc., cuyo "lugar común" sobre el origen del lenguaje (bajo la forma de una recensión muy poco crítica) Gerber transmite a Nietzsche (o se lo recuerda, pues Nietzsche había leído detenidamente a varios de los autores

la costumbre [Gebrauch] sancionada por el *usus* de las personas cultas de la sociedad; es "impuro" todo lo que llama la atención en dicha sociedad. Por tanto, lo puro se define por lo "no sorprendente" [das "Nicht-Auffällige"]. De suyo el discurso no es ni puro ni impuro. Es un problema muy importante determinar la materia de que se forma poco a poco el sentimiento de la pureza y donde una sociedad culta *escoge* hasta fijar [umschreiben] la totalidad del campo de su lenguaje. Evidentemente en este caso procede según leyes y analogías inconscientes; se llega a una unidad, a una expresión unitaria: del mismo modo que a una tribu corresponde exactamente un dialecto, a una sociedad corresponde un estilo sancionado como "puro". No se habla de "pureza" en los períodos de crecimiento de una lengua; sólo cuando ésta ha alcanzado su plenitud. Los barbarismos repetidos masivamente acaban por modificar la forma de la lengua: así apareció la *koinè glôssa,* más adelante la *rōmaikè glôssa* (a) de Bizancio y, finalmente, el neogriego enteramente barbarizado. ¡Cuántos barbarismos han contribuido a la formación de las lenguas romances a partir del latín! Por otra parte, a través de estos barbarismos y solecismos se ha obtenido un francés bueno, perfectamente regular.

El *katharòn tês léxeōs* (b), exigencia general: no sólo la corrección gramatical, sino también la elección de la palabra exacta. Aristóteles (*Retórica,* III, 5) dice: *archè tês léxeōs tò hellènízein* (c). En el *aticismo* estricto, los oradores tardíos llegaron al manierismo. Cornificio (IV, 12, 17) acentúa la *latinitas* de un modo similar, ya que la misma preserva el discurso de los solecismos, errores sintácticos, y de los barbarismos, errores morfológicos (la palabra *solecismo* deriva de la colonia

---

citados). Nietzsche busca sus ejemplos de tropos (nota 35) de las largas listas facilitadas por Gerber, a quien debe igualmente numerosas fórmulas decisivas, concretamente en el 3: "desde el principio, todas las palabras son tropos", "no hay "palabras propias" en el lenguaje", "el tropo constituye la esencia de la palabra", son frases de Gerber. (Cfr. como ejemplo nota 67.)

(a) "Lengua común", el griego vulgar de la época helenística; "lengua romana".

(b) La pureza del hablar, de la lengua.

(c) La helenidad es el principio de la lengua.

ateniense de *Sóloi*, en Cilicia, donde se hablaba un griego muy corrompido; Estrabón, XIV [39]).

Los barbarismos son los siguientes:

1. *prósthesis*: por ejemplo, *Sōkrátēn* por *Sōkrátē*, *relliquiae* como "*adiectio litterae*" (d);
2. *apháiresis*: *Hermê*, en vez de *Hermên*, *pretor* por *praetor* como "*detractio litterae*" (e);
3. *enallagé*: por ejemplo, *ēndunamēn* por *edunamēn*, como *immutatio litterae*, *si litteram aliam pro alia pronuntiemus ut arvenire pro advenire* (f);
4. *metáthesis*: *dríphon* por *díphron*, *transmutatio litterae*, Evandre en vez de Evander (g);
5. *synailoiphḗ* (h): *ho tháteros*, en vez de *ho héteros*, en Menandro, *tháteron*, sólo es posible en neutro;
6. *diáiresis* (i): por ejemplo *Dēmosthénea*, en vez de *Dē-mosthéne;*
7. *katá tónon* (j): por ejemplo *boulômai por boúlomai;*
8. *katá chrónous* (k): por ejemplo *stetĕruntque comae;*
9. *katà pneûma*: por ejemplo *haurion*, en vez de *aurion*, *omo* por *homo*, *chorona* por *corona* (a).

---

[39] Kröner subraya que Estrabón no está seguro de esta etimología. Más concretamente: en XIV, 3 y 5, Estrabón cita el nombre *Soloi* sin comentarios. Pero en II, 28: "Ha sido la palabra *karízein* (de Caria) la que ha dado la idea de introducir en nuestras gramáticas griegas las expresiones *barbárizein* y *soloikízein*, tanto si se hace derivar esta última palabra del nombre de la ciudad de *Soloi* como si se le asigna cualquier otra etimología". Comp. D. Laercio, I, 2,4.

(d) "Adición", en latín "adición de una letra".

(e) "Sustracción", en latín "sustracción de una letra".

(f) "Substitución", en latín "substitución de una letra, si pro-nunciamos una letra por otra, como *arvenire* por *advenire*".

(g) "Inversión", en latín, "transmutación de una letra".

(h) Fusión.

(i) Descomposición.

(j) Según el acento.

(k) "Según la cantidad". El ejemplo citado es de Virgilio, *Enei-da*, II, 974: *Obstipui steteruntque comae et vox faucibus haesit:* la segunda sílaba de *steterunt*, que debería ser larga, se cuenta aquí como breve para satisfacer las exigencias de la medida.

(a) "Según la aspiración"; en griego, presencia del "espíritu ás-pero", en latín, H aspirada.

Después, segunda especie, solecismos *, tercera especie la *akurología,* (b), faltas contra la sinonimia. La distinción procede de los estoicos [40].

La *akurología* es el mayor pecado contra la *claridad* por despreciar la *proprietas* de las palabras. Por *propietas* en su sentido retórico se entiende la palabra que caracteriza a una cosa del modo más completo, *quo nihil inveniri potest significantius* (c). Concretamente Lisias se hizo famoso por haber expresado siempre sus ideas por *kúriá te kaì koinà kaì en mésōi keímeva onómata* [41] (d) y por haber dado, no obstante, a su objeto ornamento, plenitud y dignidad evitando siempre los tropos. La oscuridad se alinea con el uso de palabras y expresiones anticuadas ** y con el empleo de *termini technici* raros, con la longitud confusa de la frase, con las construcciones cruzadas, con las interpolaciones y los paréntesis, *amphidolíai,* los *adianóēta* (e) (cuando detrás de las palabras claras se oculta un sentido totalmente distinto). El orador no debe preocuparse de que se le pueda comprender, sino de que se le *deba* comprender. Dice Schopenhauer (*Parerga,* III, 283): "La oscuridad y la falta de claridad son siempre y en todas las ocasiones un signo pésimo, pues en el 99 por 100 de los casos proceden de la oscuridad mental que, a su vez, procede casi siempre de una incoherencia original, de una inconsistencia, y, por tanto, de una inexactitud del pensamiento." "Los que componen discursos difíciles, oscuros, embrollados y ambiguos no saben exactamente qué es lo que quieren decir; tienen una conciencia de la que se diría que se sofoca y lucha por lugar un pensamiento; muchas veces intentan ocultarse a sí mismo y ocultárselo a los demás que en rigor no tienen nada que decir." "Así como toda acción excesiva produce generalmente un efecto contrario al fin propuesto, así las pala-

---

* Nietzsche cita en nota algunos ejemplos tomados de Lessing y de Schiller, intraductibles al español.

(b) Impropiedad.

[40] Los ejemplos proceden de Gerber, vol. I, pp. 443-444.

(c) Imposible hallar nada más pleno de significación.

[41] Dionisio de Halicarnaso, *Sobre Lisias,* 13; cfr. Cicerón, *Bruto,* 35.

(d) Palabras propias, comunes y tomadas en su acepción media.

** Nota en la cual, basándose en ejemplos alemanes, Nietzsche señala la dificultad en que se encuentra para definir el arcaísmo.

(e) Equívocos, formulaciones ininteligibles.

bras sirven, sin duda, para hacer asequible el pensamiento, pero sólo hasta cierto punto, más allá del cual, la acumulación de las mismas oscurece cada más las ideas que las acompañan... Toda palabra supreflua produce un efecto contrario al perseguido; como dice Voltaire, "El adjetivo es el enemigo del substantivo", y "El secreto de ser pesado es decirlo todo". "Es preferible siempre suprimir una cosa buena que añadir una cosa irrelevante". "Lo que no es indispensable produce un efecto pernicioso" [42].

La tercera exigencia de la exposición (Darstellung) es la *conveniencia de la expresión, oratio probabilis* (f), un discurso preciso, que no peque ni por carta de más ni por carta de menos; la *léxis debería ser prépousa* (g), dice Aristóteles (*Retórica,* III, 2). Es necesario evitar ciertos defectos:

1. *kakémphaton* o *aischología* (h) (la separación o la unión de sílabas dan lugar en ocasiones a verdaderas obscenidades: *cum notis hominibus loqui, cum Numerio fui*).

2. *tapeínōsis* o *humilitas* (a), mediante la cual se rebaja la grandeza o la dignidad de una cosa, *saxea est verruca in summo montis vertice.* Un asesino no debe calificarse de *nequam* ni de *nefarius* quien haya mantenido relaciones con una prostituta (b).

3. La *meíōsis* (c): en este caso falta algo para la compleción.

---

[42] Kröner dice que las líneas finales del párrafo son, íntegramente, citas de Schopenhauer. Por nuestra parte hemos restablecido las comillas. Schopenhauer, Werke, Leipzig, 1939, vol. VI, pp. 555-557. Las citas de Nietzsche no siguen todas el orden del texto. La primera cita de Voltaire está en francés en el texto de Schopenhauer, la segunda también, pero sin mencionar el autor (texto original: "El secreto de resultar pesado es decirlo todo"); las dos en *Discurso sobre el hombre,* 6. La segunda aparece también en *El mundo...,* II.

(f) Discurso digno de aprobación.

(g) Conveniente.

(h) "Malsonante", "obscenidad" (por asonancia, *cum no...* y *cum Nu...* recuerdan la palabra *cunnus*).

(a) Humildad.

(b) "Hay una verruga rocosa en la cumbre de la montaña", *nequam:* pillo, *nefarius:* criminal.

(c) Disminución.

4. La *tautología* (d): repetición de la misma palabra o del mismo concepto.

5. La *synōnymía* (e): repetición, con otras palabras, de lo que acaba de decirse.

6. La *homoiología* (f): falta de variedad, monotonía

7. La *makrología; longior quam oportet sermo* (g).

8. *Pleonasmus cum supervacuis verbis oratio oneratur.* Nuestro "ripio" es el *paraplērōma*. Cicerón habla de *complementa numerorum* entre los oradores asiáticos [43] (h).

9. *periergía supervacua operositas* (i).

10. *kakózēlon* (j), afectación al revés, el estilo parece "fabricado" (lo que llamamos prosa "retórica" o poética); su origen está en la tendencia al estilo florido: aquí entra también la frialdad, *tò psychrón* (Aristóteles, *Retórica,* III, 3) en el empleo de *composita* poéticos, de expresiones flosemáticas, de epítetos superfluos y de metáforas traídas desde muy lejos

11. *tò anoikonómēton* mal dispuesto.

12. *aschēmaton* figuras mal empleadas.

13. *kokosýntheton* mal colocado.

El *sardismós* (k) consiste en la mezcla de dialectos (ático con dorio, jonio, eolio). Consiste también en mezclar estilos: el elevado con el común, el antiguo con el nuevo, el poético con el ordinario. Para hablar correctamente no hay que tener presente sólo lo útil, sino también lo conveniente. Juzgar la *Apología de Sócrates* segun este criterio [44]. Sin embargo,

---

(d) Tautología.

(e) Sinonimia.

(f) Discurso semejante.

(g) Enfasis, discurso de longitud superior a la conveniente.

[43] La escuela de Asia Menor data del siglo III a. C. (Hegesias de Magnesia), pero floreció el siglo I d. C. Se caracteriza por el período breve de ritmos cultos. Cfr. *Cicerón y Demóstenes.*

(h) Pleonasmo, cuando el discurso lleva una sobrecarga de palabras inútiles; *paraplēroma:* relleno, complementos numéricos.

(i) Preocupación excesiva.

(j) Celo intempestivo: mal gusto.

(k) Cfr. nota 45.

[44] Para la mezcla de estilos en este texto, véase la misma *Apología,* 17 c-18 a; véase también el juicio general de Nietzsche sobre Platón en *Nacimiento de la tragedia,* cap. XIV, y en su curso de literatura griega, Kröner, p. 75.

más adelante estos *vitia* se presentan también como adornos bajo el título de *ornatus*[45].

Esto depende, además, de los siguientes criterios: a quien y ante quien se habla en qué momento, en qué lugar, con qué ocasión. No es lo mismo un orador de edad que un orador joven. Lisias es digno de admiración por el modo de adaptarse, en sus discursos, al carácter de quien habla tanto como a los oyentes y al tema (Dionisio de Halicarnaso, *Sobre Lisias,* 13). Muchas cualidades de suyo laudables pueden resultar impropias; en un proceso de vida o muerte es inadmisible el interés excesivo por el estilo y el arte de la composición. La elocuencia epidíctica exige mucho más ornato que la forense. La separación de los *genera* en la expresión llevaría incluso al "amaneramiento" [Manier]. Quntiliano (III, 8, 58) se queja de que algunos declamadores fingen en la *Suasoria* un comienzo abrupto, un discurso rápido y agitado, en la expresión el *cultus effusior* (a), para terminar, en todas partes, alejándose del discurso forense. Por tanto, *in summa:* pureza y claridad siempre, pero todo según las características del lugar, de las circunstancias, del hablante, de los oyentes; el sentimiento del estilo que exige en cada caso una expresión modificada: algo así como en la música, donde el mismo ritmo atraviesa, intacto, un fragmento; pero en el interior de este ritmo son imprescindibles las modificaciones más delicadas. El estilo característico es el dominio artístico propio del orador: cuando pone en juego una fuerza *plástica* libre, la lengua le resulta un material dado. Su arte es de imitación, habla como el actor que hace hablar a otra persona o que habla de una causa que le es ajena: en el fondo, existe en este caso la creencia de que como mejor lleva uno sus cosas es según sus modos personales, es decir, se muestra más persuasivo.

---

[45] Los ejemplos son de Quintiliano y Charisius; Nietzsche los toma de Volkmann (Kröner). Charisius fue un gramático del siglo IV. La lista de Quintiliano únicamente difiere en algunos detalles. Sólo un diccionario griego recoge la palabra *sardismós* (Greek-English Lexicon, Liddel et Scott, Oxford): "mezcla de dialectos (Quintiliano, *Institución*, VIII, 3), de la abigarrada población de Sardes". Se trata de una lección restablecida en la época de Valkmann (cfr. id., p. 345), en lugar del *koinismós* de las ediciones anteriores y de otros diccionarios griegos con la misma referencia.

(a) Adorno más espléndido.

El oyente advierte en este caso lo natural, esto es, la conveniencia y la homogeneidad absolutas, mientras que al menor descuido tiene una impresión de artificialidad y se vuelve desconfiado en relación con la causa sostenida. El arte del orador consiste en no permitir que aparezca lo artificial: de ahí el estilo característico que, sin embargo, es, en cualquier caso, producto del arte más elaborado: como lo "natural" del buen actor [46]. El verdadero orador habla del interior del *êthos* (b) de la persona o de la causa que defiende: encuentra las mejores apologías y los mejores argumentos (tal como de ordinario sólo los encuentra el egoísmo), las palabras y las formas más convenientes. Lo notable suyo es que por arte, por una substitución de personas —eso sí, manejada con prudencia— encuentra todo esto y utiliza lo que únicamente el abogado más elocuente de todo hombre y de todo partido, el egoísmo, puede encontrar. Goethe señala que todos los personajes que se imponen en Sófocles son los mejores oradores, pues cuando uno de ellos acaba de hablar se tiene invariablemente la impresión de que su causa es la mejor, la más justa [47]. Este es justamente el efecto del estilo característico que, según su propio testimonio, distinguía a Sófocles en su madurez [48].

---

[46] Ya Quintiliano (I, 11) o Cicerón (*Tusculanas*, XIX, 43) evocan esta comparación con el autor. Nietzsche volverá sobre ella en su curso de literatura griega (Kröner, p. 12).

(b) Sin olvidar las dificultades prácticamente insuperables que existen para traducir esta palabra, nos resignaríamos a emplear una expresión frecuente en el mismo Nietzsche: *idiosincrasia*. La palabra *carácter* tiene una acepción excesivamente restringida, pero en cualquier caso éste es el sentido primitivo del término que reaparece en la idea de *estilo característico* que se analiza a lo largo de este pasaje.

[47] Goethe, *Conversations avec Eckermann*, 18 de marzo de 1827 (=Biedermann, Goethes Gespräche, 2, III, 355) (Kröner). Trad. E. Délerot, París, 1863. *Conversations* de Goethe, t. I, p. 319: "Todos sus personajes han recibido el don de la elocuencia, y el oyente se encuentra casi siempre del lado del que acaba de hablar. Se observa que en su juventud estudió profundamente la retórica".

[48] Su propio testimonio según Plutarco, de prof. in virt. 7 (Kröner): *Moralia*, 79 b.

5. El discurso característico en relación con el "ornatus"

La conveniencia y la naturalidad del discurso deben parecer totales en la boca de quien habla por sí o en favor de una causa; en consecuencia es preciso hacer olvidar el arte de la sustitución, pues en caso contrario el oyente se vuelve desconfiado y teme ser engañado. Por tanto, también en retórica existe una "imitación de la naturaleza" como medio capital de persuasión: el oyente sólo cree en la *seriedad* y en la *verdad* de la causa defendida cuando hay una adecuación total entre el balance y su lenguaje; entonces se entusiasma por el orador y *cree* en él, es decir, cree que él mismo *cree* en su causa y que, por tanto, es sincero [redlich]. Según esto, la "conveniencia" tiende a producir un efecto moral, la claridad (y la pureza) a producir un efecto intelectual: deseo de ser comprendido, de pasar por sincero. La "pureza" es ya una limitación parcialmente artificial de lo característico, porque, para que la sustitución sea completa, en la boca de muchos se requieren también solecismos y barbarismos (recordar el modo con que Shakespeare introduce en escena porteros y nodrizas, *kílissa* en las Coéforas [49]). Por tanto, la transposición a la esfera del lenguaje *culto* significa la primera eliminación de lo característico. La segunda viene dada por la exigencia general del "ornato del discurso", que debe interpretarse a partir de la tendencia *agonista* de los antiguos: toda actuación pública del individuo es una competición, pero, para el combatiente, no se trata tan sólo de armas poderosas, sino también de armas *brillantes*. Las armas de las que se dispone no deben ser únicamente convenientes, sino también hermosas, y no servir sólo para vencer, sino para vencer "con elegancia" ["elegant"]: he aquí una exigencia de un pueblo agonista. Además de la impresión de "sinceridad" ["Redlichkeit"] es preciso crear la de *superioridad* en la libertad, la dignidad, la belleza de la forma de combatir. Entonces el verdadero secreto del arte retórico es la relación *juiciosa* de los dos elementos a considerar: la sinceridad y el artificio. Cuando lo "natural" es imitado en su total desnudez, se resiente el sentido artístico

---

[49] La nodriza de Oreste (=la de Cilicia); v. *Las Coéforas*, v. 734 s.

del oyente, mientras que, por el contrario, cuando no se aspira más que a crear una impresión artística se quebranta fácilmente su confianza moral. Es un juego que se desarrolla en las fronteras mismas de la estética y de la moral: el mero hecho de acentuar la una o la otra elimina el éxito. El encanto estético debe sumarse a la confianza moral; no deben suprimirse entre sí: para el combatiente la *admiratio* es un medio capital de lo *pithanón*. Dice Cicerón, escribiendo a Bruto [50]: *nam eloquentiam, quae admirationem non habet, nullan iudico* (a). En otra parte dice (*De Oratore*, III, 14, 52 s.): (...) "nunca jamás se ha admirado a un orador por hablar latín; si es capaz de hablarlo se le silbará, apenas si se le concederá la consideración de hombre, mucho menos la de orador. Nunca jamás se ha elogiado a un orador por hacerse comprender de los oyentes, pero se condena a quien es incapaz de ello. Por tanto, ¿quién mueve a los hombres? ¿Quién cautiva las miradas asombradas? ¡Quién se lleva los aplausos sonoros? ¿Quién es, por así decirlo, un dios entre los hombres? El que habla con claridad y coherencia, con riqueza y brillantez en cuanto al tema y a las palabras y, además, imprime a su discurso un ritmo casi poético: he aquí lo que yo entiendo por bello. Pero de quien, al mismo tiempo, se modera en la medida exigida por la dignidad de las causas y de las personas, de este tal yo digo que merece el elogio debido a una exposición [Vortrag] conveniente". Aquí, lo *característico* aparece casi como una limitación de lo *bello* *, mientras que en general suele considerarse lo bello como una limitación de lo *característico*. El autor de *Dialogus de oratoribus* [51], 22, dice maravillosamente:

[50] Citado en Quintiliano, VIII, 3, y Volkmann.

(a) Porque, en mi opinión, la elocuencia que no suscita la admiración, es nula.

* Del mismo modo, Quintiliano, I, 5, 1 *(quia dicere apte, quod est praecipuum* [ad *ego prépon*] *plerique ornatui subiciunt)* comienza así: *jom cum omnis oratio tres habeat virtutes, ut emendata, ut dilucida, ut ornata sit* (b).

(b) Texto ordenado: "El estilo tiene tres cualidades: corrección claridad, brillantez (no habla de la *conveniencia*, la cualidad principal, porque normalmente se la integra en la brillantez)." Nietzsche intercala un paréntesis "*prépon*, añadido por *mí*".

[51] Se trata de Tácito. Al pie de esta página de textos de Cicerón y Tácito, señala Kröner (p. 258, nota 6): (A lo largo de todo el pasaje, la mayoría de las citas latinas aparecen totalmente escritas al margen).

"Al igual que al dueño de una casa acomodada e importante, pido al orador que la casa en que vive no proteja sólo de la lluvia y del viento, sino que alegre también los ojos y los sentidos, que la disponga no sólo pensando en satisfacer las necesidades inmediatas, sino que tenga también en sus armarios oro y piedras preciosas con la posibilidad de poderlas coger y contemplar de cuando en cuando". En 23, se dice que la falta total de ornato nunca jamás es un signo de plena salud; habría oradores detestables y desprovistos de toda gracia que logran este frescor de espíritu que tanto les interesa, no porque tengan un organismo robusto, sino por una cura dietética. "Ahora bien, los médicos no aprecian la existencia física de una salud conseguida mediante una solicitud ansiosa; no basta con no estar enfermo: el hombre debe sentirse, además, valiente, alegre, feliz. La enfermedad no está lejos cuando no se hace más que alabar el bienestar". En cierto sentido, para él la belleza es como la flor de la salud, ed. 21: "con el discurso sucede como con el cuerpo humano: sólo es bello cuando las venas no resaltan y no se pueden contar los huesos; pero mucho más cuando una sangre buena y sana llena los miembras, dibuja músculos bien hinchados, difunde una espléndida rubincudez a través de los nervios y dispone todo en plenitud de hermosura". Cicerón insiste, por otra parte (*De Oratore*, III, 25, 98 c.), en que el hastío más profundo sigue de cerca al mayor placer de los sentidos: por tanto, el *ornatus* lleva aparejado un gran peligro. El discurso debe proporcionar zonas de sombras y de quietud, primero para eliminar todo tipo de cansancio y después para que resalten netamente los momentos luminosos (como dice Hamann: "la claridad es la distribución exacta de la sombra y de la luz" [52]).

Quintiliano (VIII, 3, 61) señala las propiedades generales del *ornatus: ornatum est, uod probabili ac perspicuo plus est* (a), por tanto una acentuación (no modificación) de las propiedades de la claridad y de la conveniencia. Es imposible

---

[52] Hamnn, 1730-1788. Carta a F. H. Jacobi, 18 de enero de 1876. Ya citado por Goethe, *Maximen und Reflexionen*, núm. 251, según el texto original: "eine *gehörige* (conveniente, lo que corresponde a lo requerido) Teilung", en lugar de *richtige* (justo).

(a) El ornato es más que la claridad y suscita más que la mera aprobación.

acentuar la corrección gramatical, pero se la puede modificar mediante modos de expresión que indudablemente se alejan de todo, pero que, sin embargo, están justificados e introducen un cambio agradable (por ejemplo, formas y expresiones antiguas). Las figuras gramaticales realzan este procedimiento. Después, por los tropos, el desvío [Abweichung] en relación con la *proprietas*. Se acentúa la claridad utilizando imágenes y comparaciones, o reducciones expresivas o amplificaciones. A continuación las sentencias [Sentenzen] y las figuras como artificios del discurso refuerzan la conveniencia. Pero todo ornato debe ser viril y digno, *sanactus,* sin frivolidad femenina ni composturas falaces. Sólo que en este caso la frontera entre virtudes y vicios es mínima. Esto vale sobre todo en relación con el *numerus orationis* (b): los antiguos casi llegaban a exigir versos para el discurso libre; concretamente pausas respiratorias cuya inserción no se regula ni por la fatiga ni por los signos de puntuación, sino por el *numerus*. A su vez los *numeri* están vinculados a la *modulatio* de la voz. Ahora bien, esto no impide que un verdadero *verso* sea considerado totalmente como un defecto. A todo esto se añade posteriormente la construcción del período. El principio y el final de los períodos tienen un interés especial; son ellos los que más impresionan el oído.

Así, pues, el ornato exige la transposición de la conveniencia a una esfera más elevada que es la de la legislación de la belleza; es un transfiguración de lo característico, primero por eliminación de sus impurezas y, después, por acentuación de lo noble y de lo bello, acusados rasgos suyos. La naturaleza del ornato es muy alta, por oposición a lo natural común, imitación que metamorfosea y no imitación trivial y servil.

6. MODIFICACIÓN DE LA PUREZA

Si, a pesar del carácter común de sus ideas los poetas (dice Aristóteles, *Retórica,* III, 1) parecen haber alcanzado tal fama por el encanto de su lenguaje, es que el primer discurso fue poético; todavía hoy, la mayor parte de la gente inculta cree

---

(b) "Número", "ritmo del discurso"; término de música (cadencia) y de poesía (pie métrico).

que estos oradores hablan del modo más bello. Gorgias intentaba dotar a sus discursos de un encanto similar al detentado por los poetas: no admitía la prescripción de Isócrates según el cual únicamente debían utilizarse palabras ordinarias [53]. Fue el inventor del discurso grandioso y poetizante que esclareció sobre todo Tucídides. Según Dionisio de Halicarnaso, Tucídides gusta de la *léxis apērchaiṓ ménē* y de la *glōssēmatikḗ* [54] (a). En la Atenas contemporánea la lengua por él manejada no puede utilizarse en los asuntos públicos; se atiene a lo que está en trance de desaparecer, cómo el dialecto ático antiguo con sus *prássō, xýn, es, tetáchatai* [55], etc. Tucídides entendía que la lengua común no se adaptaba con él ni con su tema. Para demostrar su dominio de la lengua acudió a las normas nuevas y personales, a las construcciones inusitadas. Entre los oradores famosos por su pureza y simplicidad el uso de palabras anticuadas, *glôssai*, es muy raro, lo mismo que el de neologismos, *pepoieména* o *composita diplâ* o *sýntheta*. Sólo se los utiliza en pasajes elevados. La utilización intencionada de palabras raras sin una finalidad concreta —caso de Andócides [56]— refleja una formación técnica defectuosa: el estilo termina siendo abigarrado (con reminiscencias de la lengua de los trágicos). Antifonte [57], por el contrario, es muy consciente, por más que también él busca la nobleza a través del arcaísmo, por ejemplo, *ss,* mientras que Pericles se adapta ya al dialecto moderno para sus discursos y la comedia refleja el modo de hablar en público en la época de Antifonte. En su *téchnē,* Antifonte dictaba preceptos relativos a la creación de neologismos. Permaneciendo siempre dentro de las fronteras de la

---

[53] Sobre Gorgias, cfr. Aristóteles, *loc. cit.,* y Dionisio de Halicarnaso, *De la imitación,* 8. Sobre Isócrates, cfr. frag. 9 en *Discours* (Belles-Lettres), t. IV, p. 231.

[54] En *Juicio sobre Tucídides,* 2.

(a) Expresión arcaizante y alejada del uso común.

[55] Todas estas palabras proceden del ático antiguo y se caracterizan por la doble *s* o la *x* que en ático serán *tt* o *s* (Nietzsche alude a ellas más abajo a propósito de Antifonte). *Es* da *eis* en ático y *tetáchatai, tetáchthai.*

[56] 440-390 a. C., uno de los "diez" oradores áticos canónicos. No era retórico de profesión.

[57] 480-411 a. C., otro de los diez". Sus neologismos aparecen en Diels-Kranz, citados según Harpocration (aunque existe un problema de atribución debido a Antifonte el Sofista).

claridad, adornaba sus discursos con todos los atractivos de lo nuevo y de lo inhabitual. Muchos *hápax legómena* (b). También la substantivación de los participios y adjetivos neutros. Entre los romanos, la tendencia a la expresión arcaizante comenzó con la época imperial, siguiendo el ejemplo de *Salustio* [58], y tuvo un desarrollo muy rápido. Así, Augusto (Suetonio, *Augusto*, 86) reprocha a Tiberio en una carta *ut exoletas interdum et reconditas voces aucupanti* (c). Refiriéndose a sus contemporáneos dice Séneca (*Cartas*, 114, 13): *multi ex alieno saeculo petunt verba; duo decim tabulas loquuntur. Gracchus illis et Crassus et Curio nimis culti et recentes sunt, ad Appium usque et ad Coruncanium redeunt* [59] (a). Era un medio de atraer a un gusto depravado. Se pensaba que Cicerón había corrompido la verdadera *latinitas;* se detestaba la armonía. Período muy importante para el conocimiento de lo arcaico: hay muchas cosas aprovechables en Aulo Gelio [60]. Frontón es el representante más estúpido y más desvergonzado de esta tendencia [61]. Hay que distinguir netamente entre esta fase funesta y la relación a lo arcaico del período clásico. Los *termini* mejor decididos son: la *latinitas* (que excluye todo lo que no es latín), la *urbanitas* (que excluye lo plebeyo y provinciano del latín). La *patavinitas* (b) que Asinio Polio reprochaba a Tito Livio era una falta contra la *urbanitas* [62]. En general se evitaba

---

(b) Palabras forjadas por un autor y utilizadas exclusivamente por él.

[58] 86-35 a. C.; famoso por sus arcaísmos, aunque a veces son grafías usuales en su tiempo.

(c) Por utilizar en ocasiones expresiones anticuadas y oscuras.

[59] "Doce tablas": texto legislativo del año 451 a. C.; Graco Tiberio y Cayo), Craso (Licinio), Curión (Cayo y Scribonius): oradores de principios del siglo I a. C.; Apio (Claudio) y Coruncanio (Tiberio), del siglo II a. C. (Citados en el *Bruto*, de Cicerón.)

(a) "Son muchos los que buscan sus palabras en el vocabulario de otro siglo: hablan el idioma de las doce tablas. Para ellos Graco, Craso y Curión son demasiado cultos y modernos; ellos se vuelven a Apio y a Coruncanio".

[60] Siglo II; gramático, retórico, discípulo de Frontón (cfr. nota 61); autor de una compilación general: *Noches áticas*.

[61] Retórico de finales del siglo I; sus composiciones resultaban muy artificiales.

(b) El paduanismo.

[62] Tito Livio había nacido en Padua. La opinión de Polio se en-

156

el *insolens verbum:* César (según Macrobio, I, 54): *tamquam scopulum sic fuge insolens verbum* (c), Cicerón (*De Oratore, III, 25, 97*): *moneo ut caveatis ne exilis ne inculta sit oratio vestra, ne vulgaris, ne absoleta* (d). Varrón [63] utiliza conscientemente los arcaísmos, Salustio con afectación. Cicerón (*De Oratore, III, 38, 153*), que llama insistentemente la atención contra los arcaísmos en el *discurso,* dice que, utilizados en el momento oportuno, dotan al discurso de un porte majestuoso; no tendrán ningún inconveniente en decir *qua tempestate Poenus in Italiam venit,* o bien *proles, suboles,* o también *fari nuncupare, non rebar opinabar* [64] *. Quintiliano señala (I, 6, 39 s.) que un discurso es deficiente *si egeat interprete* y por esta razón las *verba a vetustate repetita* son admisibles en cuanto que unen la majestad con la novedad, pero *opus est modo ut neque crebra sint haec neque manifiesta, quia nihil est odiosius affectatione, nec utique ab altimis et iam oblitteratis repetitia temporibus, qualia sunt topper et antegerio et exanclare et prosapia et Saliorum carmina vix sacerdotibus suis satis intellecta* (e). La palabra *archäismos* aparece en Dionisio (*De compositione verborum,* 22). También aparecen *archaizō archaiologeîn, archaioeidés, y archäikov kállos* (f).

Los neologismos [Neubildung], *pepoiēnéna onómata, nova*

---

cuentra en Quintiliano, I, 5, y VIII, 1. Es un escritor arcaizante de la época de Augusto.

(c) "Huye como de un escollo de la palabra insólita."

(d) "Os recomiendo evitar la dureza, la negligencia, las expresiones comunes y anticuadas."

[63] 116-27 a. C.; autor, entre otras cosas, de un *De lingua latina* en que utiliza el arcaísmo a título de erudición.

[64] En el primer ejemplo, *venit* por *venerit* es una construcción helenizante. El valor arcaico de los otros términos o formas nos es conocido precisamente por este texto de Cicerón.

* Para más detalles, en relación con estos modos, cfr. Quintiliano, VIII, 3,25.

(e) "Si se necesita un intérprete..." "palabras recogidas del pasado...". "Lo único que se requiere es que estas palabras no sean frecuentes ni demasiado evidentes, porque nada hay más odioso que la afectación y no hay necesidad de irlas a buscar en épocas lejanísimas y ya olvidadas, como sucede con "topper", "antegerio", "exanclare", "prosapia", y los himnos de los salios que apenas si los comprendían sus mismos sacerdotes".

(f) Sucesivamente; "arcaísmo", "hablar con arcaísmos", "de aspecto arcaico", "belleza arcaica".

fingere (g). Cicerón (*De Oratore,* III, 38, 152) señala *inusitatum verbum aut novum* y en el *Orator,* 24, *nec in faciendi verbis auda el parcus in priscis* (h), Neologismo [Neologismus] no es una palabra griega, como tampoco lo son monólogos, biografía. En este punto los griegos eran mucho más libres y audaces. Dice Quintiliano: *Graecis magis concessum est qui sonis etiam et affectibus non dubitaverunt nomina aptare, non alia libertate quam qua illi primi homines rebus appellationes dederunt* (a). Entre los romanos la cosa era más delicada. Celso se lo prohibía absolutamente al orador. Cicerón tuvo fortuna en la transformación de términos filosóficos. En *De natura deorum* (I, 34, 95) creó *beatitas* y *beatitudo* con estas palabras: *utrumque omnino durum, sed usu mollienda nobis verba sunt* (b). Segius Flavius creó *ens* y *essentia;* sin embargo, en relación con la segunda palabra, Séneca (*Cartas,* 58, 6) apela a Cicerón y a Papirio Fabiano. *Reatus,* introducida por Mesala, y *munerarius* por Augusto no tardaron en incorporarse al uso general; a los lectores de Quintiliano todavía les extrañaba *piratica.* Para Cicerón *favor* y *urbanus* eran palabras nuevas y censuraba *piissimus* (utilizada por Antonio y plenamente aceptada en la edad de plata de la latinidad). *Breviarium* por *summarium* apareció en la época de Séneca. Cicerón consideraba *obsequium* como un neologismo de Terencio (aunque también aparece en Plauto y en Nevio). *Cervix,* en singular, aparece por primera vez en Hortensio [65]. Quintiliano formula el siguiente precepto: *Si quid periculosius finxisse videbimur, quibusdam remediis*

(g) Palabras hechas, componer palabras nuevas.

(h) "Palabra desusada o nueva"; "cobarde para crear palabras y avaro en términos anticuados".

(a) Los griegos, que no dudaron en adaptar las palabras a los afectos e incluso a los sonidos, tuvieron mayor libertad (para formar palabras nuevas), la misma, por otra parte, de que dispusieron los primeros hombres para dar nombres a las cosas.

(b) Indudablemente las dos palabras son duras, pero debemos suavizarlas por el uso.

[65] Todas estas referencias (salvo Séneca) en Quintiliano, VIII, 3. Celso, principios del siglo I, como los otros autores menores que siguen. Para *ens, essentia,* Quintiliano sólo cita a Fabiano; evidentemente no había encontrado las palabras en Cicerón y no las encontramos en las obras que poseemos. Terencio, 190-159 a. C., Plauto: 254-184, Nevio: principios del siglo II a. C. Hortensio: contemporáneo (y rival) de Cicerón.

praemuniendum est "ut ita dicam", "si licet dicere", "quodam modo", "permittite mihi sic uti" (c). No es posible fijar los criterios seguidos en el uso de los neologismos. Horacio (*Arte poética,* 60) compara la mutación de las palabras a los cambios de la vida, teniéndose incluso la impresión de que es mucho más arbitraria y audaz (v. 70):

> *multa renascentur quae iam cecidere, cadentque*
> *quae nunc sunt in honore vocabula, si volet usus,*
> *quem penes arbitrium est et ius el norma loquendi* (d).

Entre los griegos tardíos se multitplican sobre todo los neologismos obtenidos por composición. A ellos se refiere Lobeck en su *Phrynichos* [66]. El maravilloso proceso de la elección de las formas del lenguaje no detiene su evolución. Se ha descubierto que en las tribus salvajes y rudas de Siberia, Africa y Siam bastan dos o tres generaciones para modificar enteramente el aspecto de sus dialectos. En Africa central algunos misioneros intentaron transcribir la lengua de las tribus salvajes y compusieron catálogos de todas las palabras. Al volver diez años después encontraron que el léxico en cuestión había envejecido y resultaba anticuado. En épocas literarias el proceso es más lento, por más que, en el curso de su larga vida, Goethe tuvo que registrar extraordinarias y repetidas renovaciones de color y cambios de estilo. Actualmente, sobre todo desde 1848, sufrimos la influencia de la lectura excesiva de periódicos. Tenemos que vigilar más que nunca para que nuestra lengua no vaya dándonos poco a poco impresión de vulgaridad.

7. La expresión por tropos

Dice Cicerón (*De Oratore,* III, 38, 115) que el modo metafórico del discurso nació de la necesidad, bajo la presión de

---

(c) Si nuestras creaciones resultan ligeramente audaces, debemos introducirlas con ciertas precauciones: "por así decir", "si se permite la expresión", "en cierto modo", "permitidme hablar así"...

(d) Volverán a nacer muchas palabras ya desaparecidas y desaparecerán las que actualmente están en honor, si lo decide el uso, que tiene el poder de arbitrar, de juzgar y de regular la palabra.

[66] Christian-Auguste Lobeck, filósofo de principios del siglo XIX.

la indigencia y de la penuria, aunque no tardó en acudir a él por placer. "Así como el vestido, ideado inicialmente como protección del frío, no tardó en ser utilizado para la compostura y el ennoblecimiento del cuerpo, el tropo nació de la deficiencia y pasó a ser de uso frecuente cuando intentó agradar. Hasta los campesinos hablan de los "ojos de la vid" *, *gemare vites, luxuriem esse in herbis, laetas segetes, sitientes agri* (b). Hasta cierto punto las metáforas son préstamos que se buscan en otra parte porque no se dispone de la cosa misma". Oposición entre *kuriología, kuriolexía, kuriōnymía* y *tropikě phrásis* (c). O bien *propietas* e *impropium (ákyron)*. Para Quintiliano (III, 2, 3), la *propietas* consiste en el uso popular y vulgar del que nunca habría que apartarse por falta de expresiones convenientes para todo; por ejemplo, habría que *jaculari* cuando se lanzan *pila, lapidare* cuando son *glebis* o *testis* (d). La *abusio* de tales procedimientos o *katáchrēsis* (e) sería necesaria. Pero por otra parte, según él, la *propietas* sería también la significación original de las palabras; por ejemplo, *vertex* sería propiamente *contorta in se aqua,* después *quidquid aliud similiter vertitur,* más tarde la *pars summa capitis (propter flexum capillorum)* y, finalmente, *id quod in montibus eminentissimum* (f). Así, las significaciones propias son las más antiguas, las que carecen de ornato. En contra de esta concepción dice Jean Paul acertadamente *(Cours préparatoire d'esthétique):* "Así como en la escritura la jeroglífica precedió a la alfabética, en el lenguaje hablado la metáfora, en cuanto

---

Estudio sobre Phrynichos *(In Phrynichi loco),* gramático del siglo III, en 1820.

* *ho tês ampélou ophthalmós* (a).

(a) El ojo de la vid.

(b) La vid echa brotes, la exuberancia de la vegetación, campos felices, campos sedientos.

(c) Estas tres palabras designan el *sentido propio* y se oponen a la "expresión de tropos".

(d) "Lanzar" un "dardo" (en lugar de, por ejemplo, "lanzar una lanza"); "lapidar" formado sobre *lapis* piedra "tratándose de *terrones* o de *tiestos".*

(e) Catacresis.

(f) *"Vértice"* sería propiamente "el agua revolviéndose sobre sí misma", después "todo lo que se revuelve de la misma manera", a continuación "la parte superior de la cabeza (a causa de la espiral de los cabellos)", finalmente "el punto más elevado de las montañas".

designa relaciones y no objetos, es la *palabra primitiva* que no ha tenido que perder su color más que progresivamente hasta convertirse en la *expresión propia*. El lado del alma y del cuerpo constituían una unidad, pues el yo y el mundo todavía se confundían. Por esto, desde el punto de vista de las relaciones espirituales, una lengua es un diccionario de metáforas extinguidas" [67]. Los antiguos no podían imaginarse el arte más que como consciente; las metáforas no artísticas —*in quo propium deest* (g)— se las imputaban (como Quintiliano) a los *indoctis ac non sentientibus* (h), por más que en muchos casos el hombre refinado no sabe salir del apuro *. Según esto, la insuficiencia y la estupidez crean los tropos populares; el arte y el ornato crean los oratorios. Oposición totalmente errónea. En ciertos casos la lengua no tiene más remedio que acudir a la transposición por falta de sinónimos; otras veces parece cometer excesos. Entonces, sobre todo, si pudimos comparar las transposiciones con las expresiones antes en uso, la transposición aparecería como libre creación artística y la significación usual como la palabra "propia".

---

[67] En Jean Paul, Sämmtliche Werke, Berlín, 1861, t. XVIII y XXI, en vol. X y XI: *Vorschule der Ästhetik,* t. XVIII, p. 179 (2. Abteilung, IX. Programm: Über den Witz, 50). (Kröner da como referencia el 47, pero señala justamente que la idea de este pasaje reaparece en varios lugares de la obra). En realidad Nietzsche copia este texto según la cita defectuosa de Gerber (I, p. 361). En rigor el texto de Jean Paul dice: "Das *tropische* Beseelen und Beleiben..." que traduciríamos por: "La espiritualización como la encarnación por los tropos..."

Cabe añadir que en su conjunto todo éste [7] —para tomarlo como ejemplo del trabajo de Nietzsche— tiene una composición curiosa: en su primera parte (hasta el anuncio de los tropos que deben examinarse detalladamente, p. 124), Nietzsche recoge abreviada a interpoladamente las pp. 359-361 de Gerber; en su segunda parte, toma de Volkmann (pp. 353-361) las definiciones de los tropos y los ejemplos. Sin embargo, a propósito de la sinécdoque, aunque recoge la exposición de Volkmann, intercala, sin que se trate propiamente de una cita, un largo pasaje de Bopp, relativo al α *privativum,* la "señal relevante" y que, además, cita dos ejemplos del sánscrito; pasaje íntegramente citado en Gerber, pp. 363-364.

(g) En lo que falta el sentido propio.

(h) A los ignorantes y a los que no saben pensar.

* *hippoi eboukoloûnto* (i), (herraduras de plata).

(i) "Los caballos pacían" (*Ilíada,* XX, 221); el verbo griego se forma sobre el substantivo *boûs,* buey.

Para designar la transposición los griegos utilizaron primero (por ejemplo Isócrates) la palabra *metaphorá* (a); Aristóteles también. Según Hermógenes [68], los gramáticos siguen llamanado *metaphorá* lo que los retóricos designan con el nombre de *trópos* (b). Los romanos adoptan *tropus;* Cicerón habla todavía de *translatio, immutatio* (c); más tarde se hablará, además, de *motus, mores, modi* (d). Hubo vivas discusiones acerca del número y división de los tropos, llegándose a señalar hasta 38 clases de tropos —y más—. Hablaremos de la metáfora, de la sinécdoque, de la metonimia, de la antonomasia, de la onomatopeya, de la catacresis, de la metalepsis, del epíteto, de la alegoría, de la ironía, de la perífrasis, del hipérbaton, de la anástrofa, del paréntesis y de la hipérbole. No voy a referirme a la justificación lógica de estas especies; se trata de comprender perfectamente el sentido de estas expresiones.

La *metáfora* es una comparación breve, como, a su vez, la comparación es una *metaphorà plenázousa* (e). A Cicerón (*De Oratore,* III, 40, 159 s.) le extraña que, a pesar de la enorme riqueza de expresiones propias, los hombres sigan prefiriendo la metáfora. Esto se debería a lo que constituiría una prueba del poder del espíritu, capaz de saltar por encima de lo que nos queda a nivel de nuestros pies para apoderarse de lo lejano. Se distinguen cuatro casos:

1. entre dos cosas animadas, se toma la una por la otra ("Catón tenía la costumbre de "ladrar" contra Escipión"; perro por hombre);

2. inanimado por inanimado: Virgilio, *Eneida,* II, 1, *classi inmittit habenas* (f);

3. inanimado por animado; por ejemplo, cuando se dice de Aquiles que es *érkos Achaiôn* (g);

4. animado por inanimado; por ejemplo, Cicerón, *Pro Ligurio,* III, 9: *quid enim, Tubero, tuus ille, destrictus in acie*

(a) Metáfora.
[68] Hermógenes de Tarso, retórico del siglo I.
(b) Tropo.
(c) Traslación, cambio.
(d) Literalmente: movimientos, usos, modos.
(e) Metáfora ampliada.
(f) Soltó las riendas de la flota.
(g) La muralla de los aqueos.

Pharsalica gladius agebat? cujus latus ille mucro petebat? qui sensus erat armorum tuorum? (h).

Aristóteles (*Poética,* 21) señala otra distinción: la metáfora es la transposición de una palabra que habitualmente tiene otra significación: del género a la especie, de la especie al género, de la especie a la especie, o bien, según la proporción [nach der Proportion] *. Transposición del género a la especie, por ejemplo: "allí reposa la nave" (*a,* 185), porque el estar anclada constituye una especie del reposo. De la especie al género: "Ulises ha hecho mil hazañas" (*ō,* 308): *hê dè myrí' Odysséus esthlà éorgen,* porque mil es mucho y en este caso el poeta utiliza esta expresión en el sentido de "muchas"⁶⁹. De la especie a la especie: con el bronce suprimiendo la vida" "[mit dem Erze das Leben wegschöpfend"] y "cortando con el bronce invencible" ["mit den unverwüstlichen Erze wegschneidend"]; aquí cortar está en lugar de suprimir, allí suprimir en lugar de cortar, los dos son especies de "quitar" [das Wegnehmen]⁷⁰. Según la proporción: "la vejez es a la vida lo que el atardecer al día; se puede llamar al atardecer la vejez del día y a la vejez el atardecer de la vida". En sentido estricto, únicamente debe admitirse esta cuarta especie *katà tò anàlogon.* En efecto, la primera no es una metáfora (lo impreciso está puesto por lo preciso no lo impropio por lo propio); la tercera no es clara. En cuanto a la segunda, únicamente está en relación con la mayor o menor extensión conceptual de una palabra.

El abuso de las metáforas oscurece y provoca una situación de enigma. Por otra parte, dado que la ventaja de las mismas está en la impresión sensible que producen, es preciso evitar todo tipo de inconveniencia. Cicerón cita algunos ejemplos (*De Oratore,* III, 41): *castratam morte Africani rem publicam,*

(h) ¿Qué hacía, Tuberón, tu famosa espada sobre el campo de Farsalia? ¿Hacia qué flanco se dirigía su punta? ¿Qué pensaban tus armas?

* *apò toû génous epì eîdos, apò toû eídous epì génos, apò toû eídous epì eîdos, katà tò análogon.* (Siguen citas de Homero.)

⁶⁹ Nietzsche cita libremente a Aristóteles, hasta el fin del ejemplo sobre "la tarde de la vida" (que Aristóteles a su vez se lo debe a Empédocles). Las referencias a Homero proceden de Volkmann con un error: la segunda concierne a una segunda mención del primer ejemplo, mientras que el segundo ejemplo aparece en la *Ilíada,* II, 272.

⁷⁰ Todavía son ejemplos de Empédocles recogidos por Aristóteles.

stercus curiae Glauciam (a). Quintiliano rechaza el verso de Furio Bibaculo: *"Juppiter hibernas cana nive conspuit Alpes"* [71] (b).

Sinécdoque: Utilizando *tectum* se designa el concepto de *domus* mediante un elemento esencial (c): *tectum* evoca la representación de *domus,* pues las dos cosas se presentan unidas en la percepción a que remiten las dos palabras: *cum res 'tota parva de parte cognoscitur, aut de toto pars* (d). Fenómeno de gran poder dentro del lenguaje como lo he señalado ya. Bopp (*Grammaire comparée* [72], II) sostiene la tesis de que el aumento griego sería originariamente igual al α *privativum,* es decir, negaría el presente para señalar el pasado. El lenguaje nunca jamás expresa nada de un modo completo y no hace más que poner de relieve la nota más destacada: indudablemente, la negación del presente no es todavía pasado, pero el pasado es de hecho una negación del presente. Un animal con dientes no es necesariamente un elefante ni otro con melenas un león, a pesar de lo cual el sánscrito llama al elefante *dantín* y al león *kesín* [73]. Como es natural, el poeta utiliza este procedimento con más libertad que el orador. El discurso admite *mucro* por espada, *tectum* por casa, pero no *puppis* por nave (e). La mayor aceptación corresponde al uso libre del *numerus,* por ejemplo, *Romanus* por *Romani, aes, aurum, argentum* por vasijas de bronce, oro y plata, *gemma* por jarrón de piedra preciosa. *Alópēs,* pelo de zorro, *totum pro parte, elephas,* marfil, *chelōnē,* caparazón, *komai charístesin homôiai*

(a) La república castrada por la muerte de Africano; Glaucia es el escremento del Senado.

[71] Quintiliano, VIII, 3, cita el verso sin indicación de autor (Bibaculus aparece en X, i), pero le llega de Horacio, *Sátiras,* II, 5,41, que lo atribuye, burlándose, a este autor (poeta del siglo i). Por otra parte esta atribución no es segura.

(b) Júpiter ensució los Alpes, en invierno, con esputos de nieve blanca.

(c) Techo, casa.

(d) Cuando se reconoce la cosa entera en virtud de una de sus partes o la parte a partir del todo.

[72] Bopp, *Vergleichende Grammatik des Sanskrit, Zend, Griechischen, Lateinischen und Deutschen,* Berlín, 1833.

[73] *Dantín,* de *dan,* diente; *kesín,* de *ke—,* cabellera; sobre estos ejemplos, cfr. Bopp, *op. cit.,* II, p. 317.

(e) "La punta "por la espada; "el techo" por la casa; pero no "la popa" por la nave.

(en vez de *charítōn kómais*) (f). O bien, *Coéforas*, 175, coro: *poíais etheírais;* Electra: *autôisin hēmîn kárta prospherè ideîn* (g). Aquí se incluye también lo que Ruhnken [74] llama *genus loquendi quo quis facere dicitur, quod factum narrat,* por ejemplo *Homerus Venerem sauciat sagitta humana* (h).

Metonimia, poner un nombre en vez de otro, o también *hypallagé* (a), *ejus vis est, pro eo quod decitur, causam propter quam dicitur, ponere* (b). Otro fenómeno de gran fuerza dentro del lenguaje: los *substantiva* abstractos son propiedades que existen en nosotros y fuera de nosotros, pero que, arrancadas de su soporte, se hacen pasar por esencias autónomas. La *audacia* hace que los hombres sean *audaces;* en el fondo se trata de una personificación similar a la de los "dioses-conceptos" (Begriffsgötter) romanos, *Virtutes, Cura* (c), etc. De estos conceptos, cuyo único origen está en nuestras sensaciones, se ha supuesto que constituyen la esencia íntima de las cosas. En las apariencias sustituimos por su *razón* (Grund) lo que no es más que su consecuencia. Los *abstracta* provocan la ilusión de ser la esencia, es decir, la causa de las propiedades, mientras que si les atribuimos una existencia figurada es únicamente en virtud de dichas propiedades. Es sumamente instructivo el tránsito platónico de la *eidē* a las *idéai* (d): en este caso la metonimia es una conmutación

---

(f) Sucesivamente: zorro, elefante, tortuga, cabellos semejantes a las Gracias (por "los cabellos de las Gracias").

(g) ¿A qué cabellos? [Literalmente: ¿a qué cabelleras-]. Su color [de un rizo cortado] recuerda los míos.

[74] David Ruhnken, filósofo, 1723-1798. *Opuscula oratoria philologica critica,* La Haya, 1807.

(h) "Género de discurso en el que alguien dice ser el autor de los hechos que cuenta"; ."Homero hiere a Venus con una flecha humana".

(a) Hipálage.

(b) Se efecto propio consiste en poner la causa por la que se dice algo en lugar de lo que se dice.

(c) Virtudes, Preocupación.

(d) Aspecto visible, ideas [75].

[75] Nietzsche (que no debe este ejemplo ni a Volkmann ni a Gerber) quiere sin duda ninguna indicar el paso de la consideración de las formas visibles *(eidē)* al pensamiento de las "Ideas" *(idéai)*. Es cierto que Platón distribuye así los usos de los dos términos, pero se trata de una cuestión de frecuencias relativas más que de acepciones rigurosamente definidas y distintas.

(Vertauschung) radical de la causa y del efecto. En la significación actual de "viejo" ("alt") hay conmutación de la causa y del efecto, pues su sentido propio es crecido" (gewachsen). *Pallida mors, tristis senectus, praeceps ira* (e). Los inventos reciben el nombre de sus inventores, las cosas sometidas a un poder por el nombre de quien lo ejerce. *Neptunus, Vulcanus, vario Marte pugnare* (f). Los héroes homéricos como representantes típicos de aquello en que destacan: Automedonte por "conductor de carro"; los médicos, *Macaones* [76].

[He aquí las títulos de los ocho párrafos siguientes —no editados por Kröner-Musarion—: 8. Las figuras retóricas; 9. *Numerus* del discurso; 10. La doctrina de la *stasis;* 11. *Genera et figurae causarum;* 12. Las partes del discurso forense; 13. La elocuencia deliberativa; 14. La elocuencia epidíctica; 15. La *dispositio;* 16. Sobre la *memoria* y la *actio.* Apéndice: Resumen histórico de la elocuencia.]

(e) La lívida muerte, la vejez triste, la arrebatada ira.

(f) Neptuno (el mar), Vulcano (el fuego), luchar en una lucha (Marte) dudosa.

[76] Automedonte: conductor del carro de Aquiles en la *Ilíada;* Macaón: hijo de Asclepio y médico de los griegos, también en la *Ilíada.*

II

EXTRACTOS DEL CURSO DE HISTORIA DE LA ELOCUENCIA GRIEGA

Los griegos cultivaron la elocuencia con un interés y una constancia superiores a los que pusieron en cualquier otro campo; emplearon una energía cuyo símbolo podría ser la educación que Demóstenes se impuso a sí mismo; es el elemento más tenaz de la esencia griega, el que persiste mientras ésta decae, transmisible y contagioso, como vemos en los romanos y en el mundo helenístico: aparece constantemente una nueva floración que ni siquiera desaparece con los grandes oradores universitarios de la Atenas de los siglos III y IV. Los efectos de la predicación cristiana se explican a partir de este elemento; el desarrollo de la prosa [Prosastil] moderna depende indirectamente del orador griego —directamente, en verdad, sobre todo de Cicerón—. La helenidad y su fuerza se concentran progresivamente en el saber-discurrir que, desde luego, contiene también su destino. Dice lisa y llanamente Diodoro en su introducción[1]: "Resultaría difícil señalar una cualidad más alta que el discurso. En efecto, gracias a él los griegos superan a otros pueblos y los cultos a los incultos; por otra parte, únicamente gracias a él puede un individuo dominar a toda una multitud; pero es preciso decir, en términos absolutos, que las cosas no aparecen más que como las presenta la fuerza del orador." Esto era lo que se creía sin ninguna reserva, y por esto Calístenes afirmaba que de él dependía la suerte futura de Alejandro y de sus hazañas. No habría venido a aprovecharse de la gloria de Alejandro, sino

---

[1] Diodoro de Sicilia (siglo I), *Bibliothèque historique*, I, 2.

a conseguirle la admiración de los hombres; la creencia en la divinidad de Alejandro no dependería de las patrañas de Olimpia relativas a su nacimiento, sino de lo que él, Calístines, diese a conocer en relación con su hazañas (Arriano, IV, 10)[2]. La pretensión más ilimitada de poderlo todo en cuanto retóricos o estilistas atraviesa la Antigüedad de un modo para nosotros inconcebible. Tienen en sus manos "la opinión sobre las cosas" y, por tanto, *los efectos de las cosas sobre los hombres;* esto es lo que saben. Para ello, evidentemente, es preciso que la humanidad misma haya recibido una educación retórica. En el fondo, la educación superior "clásica" de hoy en día mantiene en buena parte esta concepción antigua, con la salvedad de que ya no se propone como fin el discurso oral, sino más bien su imagen debilitada, el saber-escribir. Una educación que trata de enseñar *el efecto por el libro y por la prensa:* he aquí el sustitutivo de la Antigüedad en nuestra cultura. Como contrapartida, la formación de nuestro público es infinitamente más rudimentaria que en el mundo helenístico-romano; entonces existe la posibilidad de obtener los mismos efectos con medios mucho más burdos y toscos; la delicadeza o se descarta o provoca la desconfianza; en el mejor de los casos tiene su pequeño círculo de degustadores.

Nadie crea que un arte así cayó del cielo; los griegos trabajaron en él más que ningún otro pueblo y más que en cualquier otra cosa (lo que equivale a decir que intervinieron muchísimos individuos). Sin duda ninguna, hubo desde el principio una elocuencia *natural* inigualable, como la que aparece en Homero; pero no se trata de un comienzo, sino del final de un largo desarrollo cultural, del mismo modo que Homero no es más que uno de los últimos testimonios de la religión antigua. El hombre formado en una lengua así, la más apropiada de todas para la palabra (die *sprech*barste), fue insaciable en materia verbal, donde no tardó en manifestar placer y discernimiento. Cierto que existen diferencias de familias, bruscas tendencias inversas prácticamente hijas de la saciedad, como por ejemplo la *brachylogía* (a) de los dorios

---

[2] Arriano (siglo II), *Anábasis* o *Expedición de Alejandro,* IV, 10, 1-3; cita casi textual. Calístenes de Olinto, historiador de Alejandro (siglo III a. C.). Olimpia fue la madre de Alejandro.

(a) Expresión breve.

(sobre todo de los espartanos), pero en conjunto los griegos demostraron ser los hombres del discurso —frente a los *áglōs-soi* (b), los no griegos (Sófocles) [3]— y, además, del discurso razonable y bello —frente a los *barbaroi,* los que "croan", cfr. *bá-trachoi* [4] (c)— (Kröner, pp. 201-202).

... *Ars, téchnē,* designa la técnica [Kunstlehre] *retórica, kat'exochēn* (d): he aquí algo muy característico de un pueblo de artistas (*ibíd.,* p. 203).

... El placer del discurso bello se reserva su propio ámbito, donde no es cuestión de necesidad. El pueblo de artistas busca su respiración, quiere hacer del discurso algo realmente bueno [etwas recht Gutes]. Pero los filósofos no lo han entendido así (prácticamente no comprenden en absoluto el arte que estremece a la vida en su derredor, ni tampoco la plástica), lo cual origina una hostilidad violenta e inútil (*ibíd.,* páginas 204-205).

... El modo epidíctico... aspira a actuar sobre el *lector;* así, es posible formarse una imagen del *lector* griego de la época de Isócrates: es lento, saborea cada frase frenando el ojo y el oído, acoge un texto escrito como un vino de marca, siente en sí mismo todo el arte del autor; escribir para él es todavía un placer, pues no hay necesidad de aturdirle, de embriagarle, de arrastrarle violentamente, ya que se encuentra realmente en la disposición [Stimmung] *natural* de *lector:* el hombre de acción, el apasionado, el que sufre no es lector. Sereno, atento, tranquilo, ocioso, alguien que todavía tiene tiempo: he aquí el destinatario del período redondo, bien proporcionado, pleno, de las sonoridades armoniosas, de un arte que utiliza procedi-

---

(b) Los sin lengua".

[3] Cfr. *Las Traquinias,* v. 1060.

[4] Más que a un juego sobre la asonancia de las dos palabras —para el cual no parece tener base—, Nietzsche alude probablemente a la formación onomatopéyica de los dos términos. El segundo evoca el sonido producido por las ranas; en relación con el primero, cfr. Estrabón, XIV, 2, 28: "En mi opinión, originariamente la palabra *bárbaro* es onomatopéyica... y expresa la pronunciación difícil, dura, bronca".

(c) Bárbaros" y "batracios".

(d) Por excelencia.

mientos no excesivamente sazonados; sin embargo, es un lector que se ha formado como oyente del discurso práctico y que, en el sosiego de la lectura, afina aún más su oído, al margen de las pasiones dramáticas del discurso oral [Vortrag]; no hay por qué permitirse hacerle caer en la cuenta de los hiatos, será capaz de reconocer y apreciar con el oído las formaciones rítmicas, no se le escapa absolutamente nada. El arte de Isócrates supone que el *lector* existía ya en aquella época; experimenta ahora un desarollo formidable y, en correspondencia con él, está también el *escritor,* que ya no piensa en el discurso oral. Nos encontramos entonces ante *la especie más fina y más exigente de la escucha y ante la akribestáte léxis* (a), *la de la escritura.* (Entre nosotros el lector prácticamente ha dejado ya de ser oyente, por lo cual, quien pone la mira en el discurso oral trabaja hoy con mucho más cuidado: el mundo al revés) [5] (*ibíd.,* pp. 214-215.)

(a) La expresión más rigurosa.

[5] Nietzsche vuelve sobre el tema de la lectura en su curso de literatura griega de 1874-1875 (Kröner, pp. 16-17) y de 1875-1876 (*ibíd.,* pp. 131-139 y 150-157). Escribe en 1876: "En una época en que se lee demasiado, la filosofía es el arte de aprender y enseñar a leer. Unicamente el filósofo es capaz de leer despaciosamente y de pasarse media hora meditando sobre seis líneas." (Kröner, XI, p. 148, traducción R. Rovini, en *Humain, trop humain,* I, Fragmentos póstumos, 1876-1878, Gallimard, p. 357). Cfr. *infra: Leer y escribir.*

III

FRAGMENTOS SOBRE EL LENGUAJE

... Lo que estos pueblos [primitivos] poseían (en cuestión de cultura) era, desde luego, su lengua, el elemento fundamental que convierte a un grupo humano en un pueblo y constituye la base de todo desarrollo ulterior. Teniendo en cuenta el modo como se propagaron los hombres[1], podemos y debemos admitir una lengua original [Ursprache] que contenía los gérmenes de todas las demás, pero que desapareció, en tanto que su descendencia no dejó de reproducirse. En relación con ella nos movemos en un plano puramente hipotético: evidentemente era pobre en palabras y no incluía más que conceptos sensibles [sinnliche Begriffe]; las primas abstracciones —como, por ejemplo, las cualidades humanas— recibieron sus nombres a partir de objetos similares. Cada lengua-hija procedente de ella incrementaba el número de palabras según las propias necesidades, y tanto más cuanto más se inclinaba su carácter a la contemplación silenciosa y a la meditación reflexiva. (1861. Disertación sobre "La infancia de los pueblos", en Beck-W., I, p. 237.)

La ciencia de las lenguas nos demuestra que cuanto más antigua es una lengua, tanto mayor es su riqueza sonora [tonreich], hasta el punto de que muchas veces es imposible separar la lengua del canto. Por otra parte, las lenguas más antiguas eran pobres en palabras, fallaban los conceptos generales; las

---

[1] Nietzsche evocó anteriormente, sin zanjarlo, el problema monogenismo/poligenismo. Lo importante para él es pronunciarse por una humanidad inicial en posesión de una "cultura", no animal.

pasiones, las necesidades y los sentimientos encontraban su expresión en la sonoridad. Casi se puede afirmar que eran menos lenguas de palabras que de sentimientos: en todo caso éstos formaban las sonoridades y las palabras, en cada pueblo, según su individualidad; el movimiento [wallen] del sentimiento aportaba el ritmo. Poco a poco la lengua se separó de la lengua de sonoridades [Tonsprache] (nota inconclusa). (1862. Notas sobre "La naturaleza de la música" [2], en Beck-W., II, p. 114.)

... No conocemos cosas en sí y para sí, sino sólo sus imágenes [Abbild] sobre el espejo de nuestra alma. Nuestra alma no es más que el ojo, el oído, etc., espiritualizados. El color y el sonido no pertenecen a las cosas, sino al ojo y al oído. Todas las abstracciones y propiedades que atribuimos a una cosa, se componen [zusammenbilden] en nuestro espíritu. Fuera de lo vivo nada nos atrae. Lo que nos atrae ha tomado primeramente vida en nuestro espíritu [3]. (1863. *Ibíd.*, p. 255.)

... La virtud que embellece a una cosa es una cierta propiedad cósmica o una fuerza capaz de descubrir relaciones con el conjunto del mundo.

La actividad de la imaginación [Phantasie] consiste en hacer ver que cualquier cosa se puede transformar en otra [3]... (1863. *Ibíd.*, p. 259, notas sobre Emerson) [4].

---

[2] Los fragmentos relativos a la música y a la poesía —muy numerosos a partir de esta época— deberían añadirse a los que tratan expresamente del lenguaje, ya que todos estos temas unidos en Nietzsche que, como se ve, hereda el pensamiento del siglo XVIII sobre el origen del lenguaje tal como lo recogieron numerosos románticos alemanes.

[3] Este análisis remite implícitamente al del lenguaje. Sin embargo habría que citar la continuación, donde el estudio de la relación con la naturaleza comporta elementos que, como éstos, reaparecerán, a veces hasta el detalle de los ejemplos, a propósito del lenguaje en *El libro del filósofo* (*op. cit.*, p. 181, por ejemplo). Todo esto procede de Schopenhauer.

[4] En *La conducta de la vida;* citas casi textuales de la traducción manejada por Nietzsche: *Die Führung des Lebens, Gedanken und Studien,* trad. E. S. von Mühlberg, Leipzig, 1862, 8.ª parte.

También De la Mettrie estudió el origen del lenguaje .
Demócrito explicó el "hablar" en términos atomistas [6]. Lo
mismo hicieron Epicuro y Lucrecio [7]. (1867-1868. Notas, en
Beck-W., III, p. 133.)

Razón [Ursache] de la sonoridad. Una lengua de la afectividad. Comp. el canto de los animales.
Por tanto, origen en las pasiones, la voluntad [8].
Paralelismos entre lenguaje y música. El lenguaje se compo-
ne de sonidos, como la música.
La interjección y la palabra.
Primer [estado] ya musical. En la palabra la musicalidad
—el timbre [das Klangliche]— desaparece, pero en cuanto interviene la afectividad pasa al primer plano. Raíz original de
la música y de la poesía. (1867-1868. *Ibíd.*, p. 351, notas sobre
la estética de la música.)

... Dice [Schopenhauer]: "desde el exterior nunca jamás
se puede llegar a la esencia de la cosa: se puede buscar siempre, no se llega más que al plano de las imágenes y de los
nombres" [9].

---

[5] Cfr. *El hombre-máquina*, Amsterdam, 1753, p. 23-38, y *Tratado
del alma, íd.,* cap. XI-XV.

[6] Cfr. Diels-Kranz, 55 B, 25 b y 26. Aparece en Beck-W., III,
p. 376: "¿Es cierto que *Demócrito* habló de la *formación del lenguaje* por convención?" (1867). Y en Kröner, XIX, p. 370, en una
selección de fragmentos sobre Demócrito: "Las concepciones de Demócrito sobre la *formación del lenguaje* coinciden con las de Epicuro.
Contra la opinión de los pitagóricos, *verba esse phýsei,* dice que son
thései." (1869-70) —a continuación repite las dos primeras frases
del fragmento aquí publicado—.

[7] Epicuro. Cfr. Diógenes Laercio, X, 75-76; Lucrecio: cfr. *De
natura deorum,* V, 1028-1090.
Sobre las notas 5, 6, 7: Nietzsche estaba leyendo: F. A. Lange,
*Geschichte des Materialismus und Kritik seiner Bedeutung in der
Gegenwart,* Iserlohn, 1866, obra de la que sacó gran partido.

[8] Cfr. Schopenhauer, *El mundo como voluntad y representación,*
I, 52.

[9] *Ibid.* 17 (trad. cit., p. 140). Existe un pasaje muy similar en el
suplemento al libro I (1,1, trad. p. 681), donde se ve que "desde el
exterior" significa: "por vía de representación y en el conocimiento
puro y simple".

... En esta región del sistema de Schopenhauer todo está resuelto en palabras y en imágenes: todo está perdido, y casi hasta el recuerdo, de las determinaciones originales de la cosa en sí... (1867-1868. *Ibíd.*, pp. 358-359, notas sobre Schopenhauer.)

El estilo de los escritos filosóficos.

Lo que se espera del filósofo está ligado al juicio sobre el estilo.

Si el fin es el puro conocimiento científico o la divulgación del conocimiento filosófico.

Si se trata de enseñar o de edificar, etc.

... Schopenhauer tiene sobre todo un estilo, mientras que la mayor parte de los filósofos no lo tienen y otros niegan que las ciencias, tales como las matemáticas, la lógica, etc., puedan tenerlo [10]. (1868. Notas en Beck-W., IV, p. 213.)

... lo que no es más que aparentemente histórico, por ejemplo, las lenguas, que en realidad forman parte de los productos de la naturaleza. (1868-1869. otas en Beck-W., V, p. 188.)

... Pero cuando intentamos comprender a estos hombres superiores (de la Antigüedad) y sus pensamientos sólo como síntomas de corrientes espirituales, de instintos que siguen viviendo, tropezamos directamente con la naturaleza. Lo mismo sucede cuando avanzamos hasta el origen del lenguaje.

Elementos de la ciencia de la natutraleza:

1) tendencia a la verdad desnuda.

2) método exacto, estadístico.

3) exposición de la vida pulsional [Triebleben], de las leyes, etc.

4) orígenes del lenguaje, darwinismo. (1868-1869. *Ibíd.*, página 195, notas de trabajo para *Homero y la filología clásica*.)

... El filósofo [11] dice: la esencia del arte está en el inconsciente; la música desarrolla el discurso más claro. Las demás artes no son tales más que en la medida en que comparten con la música un elemento fundamental, por ejemplo, el ritmo.

---

[10] Notas que, sin duda ninguna, corresponden al proyecto de ensayo sobre Schopenhauer como escritor": cfr. *Beck, íd.*, pp. 119-120.

[11] En oposición a "racionalismo".

... La poesía sólo es arte en cuanto contiene elementos musicales. El *mélos*[12] (a) es la sensación incrementada, mágicamente transformada, en la que todo toma un aspecto nuevo y bello. En este caso, la pulsación rítmica es mucho más poderosa que la palabra, el signo indigente[13]. (1868-1869. *Ibíd.*, p. 206, notas bajo el título de *Concepciones estéticas fundamentales*.)

... El filósofo todavía lee palabras; nosotros, los modernos, no leemos más que pensamientos.

El lenguaje es lo más cotidiano de todo: se requiere un filósofo para ocuparse de él.

El que encuentra el lenguaje interesante por sí mismo se distingue de quien no lo admite más que como medio [Medium] de pensamientos interesantes.

La rumia de la poesía y de los escritos de la Antigüedad era necesaria tratándose de objetivos históricos: permitió establecer el material para una historia del lenguaje y de las antigüedades. Así se justifica la crítica de los textos, intolerable desde el punto de vista *estético*.

... La Antigüedad no merece ser propuesta como ejemplo a todas las épocas por su *contenido,* sino por su *forma*.

Pero la sensibilidad para la forma es poco frecuente y sólo se da en hombres [Männer] maduros.

La filología... es... ciencia de la naturaleza en la medida en que se esfuerza por sondear el instinto más profundo del hombre, el instinto del lenguaje[14]... (1868-1869. *Ibíd.*, pp. 268-272, notas de trabajo para *Homero y la filología clásica*.)

---

[12] En el manuscrito Beck corrige *mélos* en vez de *télos* (fin, objetivo). Esta corrección no parece tener visos de absoluta. Nietzsche puede pretender referirse al fin del arte en general.

(a) "Canto rítmico".

[13] Este tema del ritmo (cfr. el curso de retórica a propósito del *numerus,* es para Nietzsche uno de los que relacionan el problema de la retórica con los de la música y la naturaleza artística del lenguaje. Vuelve a él en sus investigaciones rítmicas de 1870-71 (Kröner, pp. 290-291 y 318) y en su curso de literatura griega de 74-75 (*ibíd.,* p. 5). Cfr. también *Leer y escribir,* 7.

[14] Reaparece en *Homero y la filología clásica,* Beck, íd., p. 285.

IV

DEL ORIGEN DEL LENGUAJE

(Introducción al curso de gramática latina)

Viejo enigma: para los indios, para los griegos, hasta nuestra época. Es preciso decir forzosamente que el origen del lenguaje *no* es cuestión de pensamiento.

El lenguaje no es un producto [Werk] consciente, individual o colectivo.

1. El pensamiento consciente no es posible más que a través del lenguaje. Un pensamiento tan agudo [scharfsinnig] absolutamente imposible con un lenguaje articulado simplemente animal: maravilloso el poder del organismo de simplificar en profundidad (tiefsinnig). Los conocimientos filosóficos más profundos se encuentran ya a punto en el lenguaje. Dice Kant: "Una gran parte —la mayor acaso— de las tareas de la razón consiste en analizar conceptos que [el hombre][1] encuentra en sí mismo"[2]. Piénsese en el sujeto y en el objeto; el concepto de juicio procede, por abstracción, de la proposición gramatical. Del sujeto y del predicador derivan las categorías de sustancia y accidente[3].

---

[1] La palabra y los corchetes son de Nietzsche.

[2] Kant, *Crítica de la razón pura*, Introducción III, cfr. trad. Tremesaygues y Pacaud, P. U. F., 1963, p. 36.

[3] Schopenhauer, *El mundo como voluntad y representación*, I (Kröner). Apéndice: Crítica de la filosofía kantiana, trad. Burdeau-Roos, P. U. F., 1966, p. 575. En realidad Schopenhauer critica el proceso por el cual, de la lógica abstracta (y no de la gramática) del sujeto y del predicado, se extraen la sustancia y el accidente como realidades para la intuición (en tanto que Nietzsche no las toma aquí más que como categorías filosóficas abstractas). El propósito de Schopenhauer es de inspiración kantiana: obsérvese, en consecuencia, cómo Nietzsche le *desvía* hacia su problemática del lenguaje.

2. El desarrollo del pensamiento consciente es perjudicial al lenguaje. Decadencia cuando la cultura está adelantada. Se resiente la parte formal en que justamente reside el valor filosófico. Piénsese en la lengua francesa: sin declinaciones, no existen el neutro ni la pasiva, elisión de todas las sílabas finales, radicales deformados hasta el punto de resultar irreconocibles. Un desarrollo elevado de la cultura no significa absolutamente posibilidad de preservar de la decadencia a lo que le ha sido transmitido totalmente consumado.

3. El lenguaje es demasiado complicado para ser elaborado por un solo individuo; para serlo por la masa tiene demasiada unidad, es un organismo completo.

Por tanto, no queda más remedio que considerar el lenguaje como producto del instinto, tal como sucede con las abejas, las hormigas, etc.

Ahora bien, el instinto *no* es el resultado de una reflexión consciente, ni la simple consecuencia de una organización corporal, ni el resultado de un mecanismo localizado en el cerebro, ni el efecto de algo procedente de fuera del espíritu, extraño a su propia esencia, sino la operación más propia del individuo o de una masa que surge del carácter. El instinto llega a fundirse con el núcleo más íntimo de un ser; este es el problema propio de la filosofía, la finalidad infinita de los organismos y la ausencia de conciencia desde el momento de su aparición.

Así quedan recusados todos los ingenuos puntos de vista anteriores. Entre los griegos, el problema de saber si el lenguaje es *thései* o *physei* (a), es decir, si depende de una formación arbitraria, por un contrato y una convención, o bien si el elemento sonoro depende del contenido conceptual. De todos modos, también hay sabios modernos que han utilizado estas grandes palabras, por ejemplo, el matemático Maupertuis [4] (1697-1759): convención como fundamento. Primero un estado sin lenguaje, con gestos y gritos. Sobre él se habrían

---

(a) "por institución" o "por naturaleza".

[4] Cfr. 1-7 de la *Dissertation sur les différents moyens dont les hommes se sont servi pour exprimer leurs idées*, en Oeuvres de Maupertuis, nueva edición corregida y aumentada, Lyon, J. M. Bruyser, 1786, t. III. La idea no es original de Maupertuis; aparece, por ejemplo, en los *Nuevos Ensayos*, de Leibniz (libro III, cap. 1,1).

formado gritos y gestos convencionales. Estos medios se habrían adaptado totalmente a un lenguaje pantomímico de gritos y de cantos. Pero esto resultaría demasiado peligroso. Entonación justa: un oído fino no lo tiene cualquiera. Entonces se habría llegado a encontrar un nuevo medio de expresión. Mediante la lengua y los labios se habría podido producir una gran cantidad de articulaciones. Se habrían percibido las ventajas del nuevo lenguaje y se habría detenido el proceso.

Entretanto se desplazó al primer plano el otro problema, el de saber si el lenguaje hubiera podido formarse sólo por la fuerza del espíritu humano o si es un don inmediato de Dios. El Antiguo Testamento es el único documento religioso que facilita un mito o algo similar sobre el origen del lenguaje[5]. Dos puntos principales: Dios y el hombre hablan la misma lengua, cosa que no sucedía entre los griegos. Dios y el hombre dan a las cosas nombres que expresan la relación existente entre la cosa y el hombre. Por tanto, el problema del mito era el de nombrar los animales, etc.: el lenguaje en cuanto tal se daba por supuesto. Los pueblos guardan silencio sobre el origen del lenguaje; no conciben el mundo, los dioses y los hombres sin él.

El examen histórico y fisiológico más elemental justifica esta cuestión. Comparando las lenguas se vio claramente que resulta improbable su formación a partir de la naturaleza de las cosas. [La cuestión de] la nominación arbitraria ya (debatida) a lo largo del *Cratilo* de Platón: efectivamente, este punto de vista presupone un lenguaje anterior al lenguaje.

Jean Jaques [sic] Rousseau creía que era imposible que las lenguas hubieran podido formarse con medios puramente humanos[6].

Significativa en relación con el punto de vista adverso la

---

[5] Cfr. *Génesis*, II, 19-20.

[6] Alusión a la duda señalada por Rousseau en el segundo *Discurso* a propósito del origen del lenguaje: En cuanto a mí, asustado por las dificultades que se multiplican y convencido de la imposibilidad, prácticamente demostrada, de que las lenguas hayan podido nacer y formarse por medios puramente humanos, cedo a quien guste la discusión de este difícil problema; qué ha sido más necesario, de la sociedad ya unida a la institución de las lenguas o de las lenguas ya inventadas al establecimiento de la sociedad." (Obras completas, Gallimard, "Pléiade", 1964, t. III, p. 151).

obra de De Brosses [7] (1709-1777), que piensa en una formación puramente humana, pero con medios insuficientes. La elección de los sonidos dependería de la naturaleza de las cosas, por ejemplo *rude* y *doux* (a); así pregunta: "¿es que no hay una cosa ruda y otra dulce?" Ahora bien, estas palabras quedan infinitamente lejos del momento de formación de la lengua: nos hemos habituado a ellas y nos imaginamos que los sonidos conservan algún elemento de la cosa.

A este respecto resulta también significativo Lord Monboddo [8], que admite una actividad espiritual reflexiva: un descubrimiento de los hombres, incluso muy repetido. De ahí que no recurra a ninguna lengua primitiva. Escribió durante veintiún años: las dificultades eran cada vez mayores. Atribuye la formación [del lenguaje] a los más sabios. Sin embargo, se ve precisado a recurrir a algo similar a una instancia sobrehumana: demonios-reyes egipcios.

En Alemania —hace poco más de cien años—, la Academia de Berlín convocó un concurso sobre el problema del "origen del Lenguaje". Lo ganó en 1770 el texto de Herder. El hombre habría nacido para el lenguaje. "Así, pues, la génesis del lenguaje es un impulso [Drängniss] interno como, en el momento de la madurez, el empuje [Drang] del embrión hacia el nacimiento." Pero comparte con sus predecesores la concepción de que el lenguaje se interioriza a partir de sonidos que se exteriorizan. La interjección [Interjektion] [es] la madre del lenguaje: cuando es propiamente su negación [9].

El conocimiento exacto sólo se ha generalizado con posterioridad a Kant. En la *Crítica del juicio,* al mismo tiempo que admite la teleología en la naturaleza como algo efectivo, destaca la sorprendente antinomia de que una cosa finalizada carezca de conciencia. Esta es la esencia del instinto [10].

---

[7] *Traité de la formation mechanique des langues et des principes physiques de l'étymologie,* París, 1765, 2 vols. (el pasaje citado se encuentra en el Discurso preliminar).

(a) En francés, en el original.

[8] Filósofo escocés, 1714-1799. *On the origin and progress of language,* Edimburgo, 1774-1792.

[9] *Abhandlung über den Ursprung der Sprache,* en Obras completas, Ed. Rütter y Loenig, Postdam, ed. de Franz Schulz, sin fecha, tomo I, p. 316.

[10] La teología es uno de los temas que más estudió Nietzsche en

Para concluir, unas palabras de Schelling (*Filosofía de la mitología,* Parte primera, lección 3.ª): "Como ninguna conciencia filosófica y ni siquiera simplemente humana puede concebirse sin lenguaje, no ha sido la conciencia la que ha presidido la fundación del lenguaje; y, sin embargo, cuanto más nos adentramos en su naturaleza, tanto más nos cercioramos de que supera con su profundidad todo tipo de producción consciente. Sucede con el lenguaje lo mismo que con el ser orgánico: creemos verlo formarse ciegamente y nos es imposible negar la insondable intencionalidad, hasta en los menores detalles, de dicha formación" [11].

Kant (Kröner lo recuerda en esta ocasión con una breve nota que remite a la biografía) y recurriendo directamente al texto de la tercera *Crítica,* mientras que en otros casos parece haberse contentado con citas de Schopenhauer. Cfr. las notas y referencias de Beck-W., III, pp. 371-394. Este problema exigiría todo un comentario. Es preciso indicar, al menos, que al introducir el "instinto" como una solución, hasta cierto punto, de la antinomia kantiana, Nietzsche traiciona a Kant e introduce un *desvío* considerable en la idea de finalidad sin conciencia.

[11] *Introduction à la philosophie de la mythologie,* I, 3, trad. S. Jankélévitch. Aubier, 1945, p. 62.

V

CICERON Y DEMOSTENES

Todo arte comporta un determinado grado de *retórica*. Diferencia fundamental entre poesía y retórica o arte y retórica. Característica, la aparición en *Empédocles*[1]: un ser intermediario. Actor y retórico: el primero está presupuesto. Naturalismo, cálculo en vista del afecto. Sobre el gran público. Catalogar todo aquello por lo que la retórica corresponde al arte inmoral. Aparición de la prosa artística como eco de la retórica.

Es muy raro que, como artista, alguien *descubra* realmente su *subjetividad:* la mayor parte la disimula adoptando una manera y un estilo.

Dierencia capital: arte *leal* y arte *desleal*. En general, el arte presuntamente objetivo no es más que un arte desleal. La retórica es más leal, pues admite su voluntad de engañar. No quiere expresar de ningún modo la subjetividad, sino un cierto ideal del sujeto, el hombre de Estado poderoso, etc., tal como se lo imagina el pueblo. Todo artista empieza de un modo desleal: hablando como su maestro. Generalmente, eterno contraste entre reconocer y poder [Erkennen und Können]:

---

[1] En 1873, en sus esbozos de la *Filosofía en la época trágica,* Nietzsche consideraba a Empédocles como el primer retórico" (Naumann, p. 92), por acudir simultáneamente a la poesía y al discurso científico; y en las notas de 1872: "es en todo una figura límite: balancea entre... el poeta y el retórico" (*ibíd.,* p. 103). El carácter mixto del estilo de Empédocles fue puesto de relieve en varias ocasiones en la Antigüedad (Aristóteles, Plutarco, Lactancio). Nietzsche le aplica en este caso la idea empedocliana de los seres mixtos, compuestos, que hubieran sido los primeros ensayos de vida sobre la tierra.

después los artistas se ponen del lado del gusto y son eternamente desleales.

Para la cultura romana, la separación de la *"forma"* es esencial; disfraza o disimula el contenido. La imitación de una cultura extraña acabada debe ser objeto de una observación expresa. Es justamente lo que hicieron los griegos. El resultado es una formación [Gebild] nueva. La elocuencia romana se encontraba en su más alto grado de fuerza que la capacitaba para asimilar las aportaciones del exterior. Primero la magnificencia, la brutalidad y las seducciones de la retórica asiática; luego el arte rodio [2], y después el arte ático: así, reculando, hacia una simplicidad creciente (Naumann, pp. 450-451).

---

[2] La escuela rodia floreció en el siglo I a C. Molón de Rodas tuvo por discípulos a Cicerón y a Julio César.

VI

EXTRACTOS DE «LEER Y ESCRIBIR» *

1. Toda relación interhumana tiende a que cada uno pueda leer en el alma del otro; la lengua común es la expresión sonora de un alma común. Cuanto más íntima y sensible sea esta relación, tanto mayor será la riqueza de la lengua, ya que ésta se desarrolla o languidece con el alma colectiva. En el fondo, hablar es la cuestión que planteo a mi semejante para saber si tiene la misma alma que yo; en mi opinión, las proposiciones más antiguas debieron de haber sido proposiciones interrogativas y en el acento sospecho el eco de esta viejísima cuestión que, recubierta de otra concha, se plantea el alma a sí misma: ¿te reconoces? Este sentimiento acompaña a cada proposición del hablante. El hombre que habla busca un monólogo y un diálogo consigo mismo. Cuanto menos se reconoce más enmudece y, en este silencio forzoso, tanto más se le empobrece y empequeñece el alma. Si en adelante se pudiera obligar a los hombres al silencio, se les reduciría al grado de cultura propio de los caballos, de las focas o de las vacas. porque en estos seres se ve lo que significa la incapacidad de hablar: exactamente el entumecimiento del alma.

Sin embargo, muchos hombres y, de vez en cuando, hombres de épocas enteras, han actuado como vacas: Su alma se ha embotado en su torpor y en su indiferencia. Son capaces de retozar, de pastar o de mirarse aleladamente: no tienen en común más que un lamentable residuo de alma. Consecuencia directa: su alma *no tiene más remedio* que empobrecerse

---

* Este título reaparece, como es sabido, en *Zaratustra*.

o convertirse en algo mecánico. Porque no es verdad que el lenguaje proceda de la indigencia; en todo caso no de la indigencia individual, a lo más de la de una horda o de una tribu. Para sentir la indigencia como una realidad común es preciso que el alma haya franqueado los límites del individuo, que se ponga en camino y quiera encontrarse; es preciso que antes de hablar tenga la *voluntad* de hablar. Y esta voluntad no es en absoluto algo individual. Imagínese un ser original mitológico con cien cabezas, cien pies y cien manos que constituyera la forma originaria del ser humano: hablaría consigo mismo; y cuando advirtiera que podía hablar consigo mismo como con dos, tres o cien seres, se dejaría dividir en sus partes, porque sabría que no puede perder toda su unidad, pues ésta no se encuentra en el espacio, como la serie de este centenar de hombres; por el contrario, cuando hablan, el monstruo mitológico vuelve a sentirse como un todo único [1].

En las sonoridades soberanas de una lengua, ¿se cree escuchar realmente el eco de la indigencia que hubiera sido su madre? ¿No nace todo en la alegría y en la exuberancia, libremente, bajo el signo de la profundidad del espíritu, del espíritu contemplativo? ¡Qué no haría el hombre simiesco con nuestras lenguas! Un pueblo que tiene seis casos y conjuga sus verbos con cien formas posee un alma totalmente colectiva y desbordante y el pueblo que ha podido crearse una lengua así [2] ha

---

[1] Esta mitología parece ser totalmente invención de Nietzsche. Pero si carece de antecedentes definidos, no deja de tener interés señalar, en relación con el conjunto del pasaje, dos correspondencias, acaso no fortuitas, teniendo en cuenta las lecturas de Nietzsche:

1.º En la mitología del hinduísmo, la "creación" del mundo está asegurada por el sacrificio voluntario del "Ser primordial" de mil cuerpos, Purusha, que se divide, pero que también es "el primer hijo del sacrificio" al término del cual "entra en sí mismo, consigo mismo" (Rigveda).

2.º El tema de la humanización por la colectividad, el reconocimiento y la comunicación recíprocas es frecuente al final del siglo XVIII y en el romanticismo alemán. Se podrían citar, por ejemplo, textos de Herder, Goethe, Novalis. Obsérvense las afinidades del texto de Nietzsche con estas líneas de Hemstertuis *(Sobre el hombre y sus ralaciones):* "entonces el alma (en la colectividad) encuentra su elasticidad; adquiere conciencia de sí misma, se ama, se estima y reconoce su fuente".

[2] No puede tratarse del griego clásico, que no tiene más que cinco

difundido la plenitud de su alma sobre toda la posteridad: porque en los tiempos sucesivos, gracias a los poetas, a los músicos, a los actores, a los oradores y a los profetas, las mismas fuerzas vienen a proyectarse en la forma. Pero cuando se encontraban todavía en la plenitud desbordante de la primera juventud, estas fuerzas engendraron a los creadores de lenguas [Sprachenbildner]: fueron los hombres más fecundos de todos los tiempos y designaban [3] lo que, a continuación, los músicos y los poetas siempre designaron: su alma era más grande, rebosaba más amor, era más colectiva; es justamente como si no viviera en todos más que en un rincón aislado y sombrío. En ellos, el alma colectiva hablaba consigo misma.

2. Para un futuro escritor, ¿es útil la *multiplicidad* de lenguas? ¿O necesita sobre todo lenguas extranjeras? ¿Es mayor esta necesidad en el caso de un alemán? Los griegos no dependieron más que de sí mismos y no hicieron ningún esfuerzo por las lenguas extranjeras, pero sí por la suya propia. Entre nosotros sucede lo contrario: los estudios alemanes han sido introducidos progresivamente y, visto el modo con que se los ha llevado, contienen ciertos rasgos de importación y de pedantería. Se hace mucho para enseñar el estilo latino; pero en alemán no se enseña más que la historia de la lengua y de la literatura; y, sin embargo, esta historia no tiene sentido más que como medio y auxiliar de una realización práctica (Naumann, pp. 293-295).

3. Es el *momento oportuno* para terminar ocupándose artísticamente de la lengua alemana. Porque su desarrollo corporal a alcanzado su madurez: si se la abandona degenerará

---

casos. (El centenar de formas verbales sería simplemente una exageración en cualquier caso excluye el latín, demasiado tardío.) Por otra parte, lo que sigue indica que Nietzsche parece pensar en los antecesores de los griegos. Cabe dudar entre estados arcaicos del griego, en los que subsisten formas del sexto caso, y ciertos "estados" del "indo-europeo" (descubierto y estudiado a partir de finales del siglo XIX. Cfr. la tercera conferencia *Sobre el futuro de nuestras instituciones culturales*), donde se reducen a seis los ocho casos allí distinguidos.

[3] En Naumann el verbo está en singular (zeichnete); se trata evidentemente de un error.

repentinamente. Es preciso acudir en su ayuda con saber y diligencia y consagrarle el esfuerzo que los retóricos griegos dedicaron a su lengua, incluso cuando era demasiado tarde para esperar en una nueva juventud. Hoy, si se remonta hasta el estilo alemán de Lutero, todos los tarros de color están preparados para ser usados; basta con que lleguen el buen pintor y el buen colorista. Debería formarse un gremio para que de él pudiera nacer un arte. Hasta nuestros clásicos eran naturalistas en materia de estilo (Naumann, p. 297).

6. Los diferentes estilos:

1. Estilo del intelecto o estilo desprovisto de sentimientos, no-métrico.
2. Estilo de la *voluntad* o estilo del "pensamiento impuro": a. del ethos.   b. del pathos
   o prosa (semirrítmica) o poesía (métrica).

El estilo del entendimiento nace tardíamente y siempre sobre la base del estilo del ethos. Pero, primero, fundamentalmente poético (lo determina la imagen del individuo, el sacerdote, el vidente con ethos), después simple y cotidiano (según el modelo del hombre de calidad que habla con elegante sencillez). Entonces el pensamiento debe mostrar siempre desilusión y manifestar al mismo tiempo aversión al pensamiento impuro.

La lengua escrita carece de acentuación, por lo cual le falta un extraordinario medio de suscitar la comprensión. En consecuencia, debe esforzarse por *suplirlo:* he aquí una diferencia esencial entre el discurso escrito y el oral. Este último tiene derecho a confiar en la entonación: la lengua escrita debe ser más clara, más breve, menos equívoca; pero encuentra demasiados problemas para dar a sentir, aunque sea en grado mínimo, la pasión que existe en la entonación. Problema: ¿cómo destacar una palabra sin acudir al recurso del tono (partiendo de la base de que se carece de un acento notado)? Segundo: ¿cómo destacar un miembro de la frase? Muchas cosas deberían escribirse de un modo diferente del que se utiliza al decirlas. La claridad es la unión de sombra y luz[4].

---

[4] Cfr. nota 52 del curso de retórica.

El *leer* [Lesen], el *leer en voz alta* [Vorlesen] y el *hacer una exposición* [Vortragen] exigen tres formas diferentes de estilo. En la lectura efectuada en voz alta debe trabajarse la voz con más arte que en cualquier otro caso, pues hay que suplir la falta de gestos. La lectura requiere el estilo más completo, porque se han eliminado la voz y los gestos como medio de expresión. Se podría llamar género *natural,* por ejemplo, al correspondiente a la lectura en voz alta si los gestos fueran realmente superfluos y no hubiera necesidad de suplirlos (leer detrás de una cortina): en una inmovilidad absoluta, con el cuerpo sin moverse lo más mínimo, por ejemplo la Historia de Herodoto [5]. Sería *natural* el género de *lectura* en que no intervinieran en absoluto ni las modulaciones de la voz ni los gestos, por ejemplo tratándose de matemáticas.

7. Hay que evitar los *períodos largos:* o bien, si son imprescindibles, juzgarlos de un modo estrictamente lógico; quiero que se oiga crujir clara y distintamente el andamiaje lógico: porque debe servir [6] para sostener el pensamiento. La claridad es la primera exigencia: en lo que nos atañe (a nosotros, los alemanes), la belleza y el *numerus* en el período (Naumann, pp. 298-299).

---

[5] Alusión al "estilo ligado", —uniforme y lento— de este autor, cuyas "Historias", por otra parte, fueron escritas tanto con destino a la lectura púbica (que Herodoto realizaba personalmente) como con destino a la difusión escrita.

[6] En el texto, se reintroduce un plural (sie sollen) que puede remitir a "períodos" o explicarse a partir del colectivo "Gerüste" (andamiaje).

INDICE

Este libro
se terminó de imprimir
en los Talleres Gráficos
de Printing Book, S. L.,
Móstoles, Madrid, España,
en el mes de marzo de 2000